中国共产党历次代表大会史丛书

第一辑

中共十二大史

沈传亮　著

中共党史出版社

图书在版编目（CIP）数据

中共十二大史 / 沈传亮著 . -- 北京：中共党史出版社，2024.3

（中国共产党历次代表大会史丛书 . 第一辑）

ISBN 978-7-5098-6461-6

Ⅰ.①中… Ⅱ.①沈… Ⅲ.①中共十二大（1982）－史料 Ⅳ.①D220

中国国家版本馆 CIP 数据核字（2023）第 247976 号

书　　名：中共十二大史
作　　者：沈传亮

出版发行：中共党史出版社
责任编辑：王媛
责任校对：申宁
责任印制：段文超
社　　址：北京市海淀区芙蓉里南街 6 号院 1 号楼　邮编：100080
网　　址：www.dscbs.com
经　　销：新华书店
印　　刷：北京盛通印刷股份有限公司
开　　本：680mm × 960mm　1/16
字　　数：130 千字
印　　张：9
版　　次：2024 年 3 月第 1 版
印　　次：2024 年 3 月第 1 次印刷
书　　号：ISBN 978-7-5098-6461-6
定　　价：25.00 元

此书如有印装质量问题，请联系中共党史出版社读者服务部　电话：010-83072535

中共十二大会场

目录 CONTENTS

第一章　为党的十二大营造国内国际环境

在党的十一届三中全会开启的思想解放、实施改革开放的春风劲吹下，党的十二大成功召开，成为进入改革开放历史新时期的第一次全国党的代表大会，在党的100多年历史上具有独特地位、产生了重大影响。因此，把党的十一届三中全会的召开作为党的十二大召开的背景是必然之举。还要看到，党的十二大召开是在“文化大革命”结束后，中国共产党告别过去、开辟未来，放弃惯性、开拓新路的关键节点召开的。因此，我们必须把“文化大革命”结束后到党的十二大召开这段历程梳理清楚，从理论到实践上梳理清楚，才会明白党的十二大为什么能提出那么多富有创新性的理论观点，为什么党的十二大党章的内容中有那么多“第一次”。从某种意义上讲，党的十二大是在总结新中国成立以来尤其是建设社会主义近30年的历史经验基础上召开的，当然也是在总结改革开放新鲜经验的基础上召开的。作为会议背景，这次我们主要选择“文化大革命”结束以后至党的十二大召开进行详细描述，主要是介绍国内背景，略讲国际背景。背景的另一面实际上也是中共在为党的十二大召开营造良好的国内国际环境。

一、党的十一届三中全会实现伟大历史转折

1978年12月18日，在中华民族历史上，在中国共产党历史上，在中华人民共和国历史上，都必将是载入史册的重要日子。这一天开幕的党的十一届三中全会，“果断结束‘以阶级斗争为纲’，实现党和国家工作中心战略转移，开启了改革开放和社会主义现代化建设新时期，实现了新中国

成立以来党的历史上具有深远意义的伟大转折”[①]。会议作出的重大决策，不仅深刻改变了中国，而且影响了整个世界，被誉为社会主义时期的遵义会议，具有划时代意义。此后，神州大地万物复苏，生机勃发，党和国家又充满希望、充满活力地踏上了实现社会主义现代化的新长征。

（一）走向历史转折

1976年10月，华国锋和叶剑英等同志代表中央政治局，执行党和人民的意志，采取断然措施，一举粉碎了“四人帮”，结束了历时十年的“文化大革命”。这为实现党的历史的伟大转折创造了前提。但“文化大革命”结束后，中国共产党面临着极其复杂的国内外局势。如何迅速走出“文化大革命”带来的创伤、扭转不利局势、实现历史转折，成为全党和全国人民关心的重大问题。

第一，走向历史转折是中国发展的需要。20世纪50年代，中国共产党就提出要走自己的路，探索符合中国国情的社会主义建设道路的重大命题。但在党的指导思想发生偏差后，探索道路过程异常艰难，历经曲折，没有找到发展中国的新路。“文化大革命”结束后，中国面临三种道路的选择。一是按照“两个凡是”[②]的思路抓纲治国。这样，不仅无法否定“文化大革命”，而且势必延续“文化大革命”的错误做法，建设社会主义现代化强国的目标也就无法实现。二是走全盘西化的邪路。那时，一些别有用心的人企图利用毛泽东的晚年错误，全盘否定毛泽东、否定中国共产党，同西方国家所谓“非毛化”相呼应，企图把中国引向资本主义，实行资产阶级自由化。三是以解放思想、实事求是为指导，认真总结新中国成立以来社会主义建设的成败得失，彻底纠正“文化大革命”及其以前的错误，拨林彪、“四人帮”破坏之乱，批评毛泽东的晚年错误，回到毛泽东思想的正确轨道，开辟一条符合中国国情的社会主义建设新路。中国共产党人坚

① 《中共中央关于党的百年奋斗重大成就和历史经验的决议》，人民出版社2021年版，第15页。

② 1977年2月7日，《人民日报》、《红旗》杂志、《解放军报》发表的社论中提出的“凡是毛主席作出的决策，我们都坚决维护；凡是毛主席的指示，我们都始终不渝地遵循”。

持马克思主义立场、方法，认为既不能回到“文化大革命”以前的老路上去，也绝不能走全盘西化的邪路，而是要继续探索适合中国国情的社会主义建设新路。

第二，走向历史转折是党心民心所向。“文化大革命”十年内乱，给党、国家和人民带来严重挫折和损失。政治上，党和国家政治生活遭到巨大破坏，党的组织和政权机构遭受空前浩劫。党和国家的大批领导干部被打倒、遭迫害。据中央组织部统计，“文化大革命”期间全国被立案“审查”的干部共 230 万人，占“文化大革命”前 1200 万名干部的 19.2%，酿成大量冤假错案。思想上，“左”的错误理论的影响，造成人们思想极大混乱，导致严重混淆敌我和是非。十年内乱，使党风被破坏，社会风气明显不如以前，道德水准下降，错误思想泛滥。文化上，“文化大革命”对我国科学文化事业和民族传统文化造成极大破坏，使文化事业出现严重倒退。经济上，经济发展受到严重损失，正常的生产秩序和经营活动很难维持，短缺经济态势明显。十年内乱的危害，在民生领域的主要表现是，人民生活水平基本上没有提高，有些方面甚至有所下降，吃、穿、住、用、行面临不同程度的困难。党的建设也受到极大破坏。“文化大革命”结束后，人们特别希望安定团结、过上好日子。

从外部环境看，20 世纪 70 年代，世界范围内蓬勃兴起的新科技革命推动世界经济以更快的速度向前发展，我国经济实力、科技实力与国际先进水平的差距明显拉大。以人均 GDP 为例，“文化大革命”之前的 1965 年，美国人均 GDP 是中国的 41 倍；法国、西德、英国分别是中国的 22 倍、21 倍、20 倍；日本、巴西分别是中国的 11 倍、2.6 倍。经历十年内乱后，1978 年，美国人均 GDP 是 9687 美元，中国只有 127 美元，美国是中国的 76 倍；西德人均 GDP 是 10419 美元，是中国的 81 倍；日本人均 GDP 是 8476 美元，是中国的 66 倍；法国、巴西分别是中国的 69 倍、13 倍，差距显著拉大。[①] “文化大革命”结束后，党和国家领导人通过出访和

① 刘国平：《中国经济与世界经济发展的比较》，湖南人民出版社 2000 年版，第 182 页。

到国外实地考察，切身感受到了中西差距。邓小平接见外宾时说："最近我们的同志出去看了一下，越看越感到我们落后。什么叫现代化？五十年代一个样，六十年代不一样了，七十年代就更不一样了。"[①] 他还鲜明地指出："六十年代前期我们同国际上科学技术水平有差距，但不很大，而这十几年来，世界有了突飞猛进的发展，差距就拉得很大了。同发达国家相比较，经济上的差距不止是十年了，可能是二十年、三十年，有的方面甚至可能是五十年。"[②] 如果再不实行改革，我们的现代化事业和社会主义事业就会被葬送。这反映了党的高级干部共同的心声。国务院副总理谷牧率团访问法国、瑞士、比利时、丹麦、西德西欧五国，很受刺激同时很受鼓舞。一方面看到中国与西方发达国家差距很大，生产效率低，确实落后了；另一方面看到中国有很大的发展空间，西方很多人愿意同中国贸易往来。1978 年 6 月 30 日，谷牧向中央专门汇报了考察之行，提出了对外开放的建议，得到中央高度重视。谷牧还在 1978 年国务院务虚会上作了汇报，也引发与会人员的积极思考。

这种局势迫切要求党解放和发展社会生产力，尽快改善人民生活，顺应党心民意。

第三，粉碎"四人帮"，结束"文化大革命"，为党和国家实现历史转折创造了前提，同时，在党中央领导下各项工作在向前推进。

邓小平曾指出："粉碎'四人帮'以后三年的前两年，做了很多工作，没有那两年的准备，三中全会明确地确立我们党的思想路线、政治路线，是不可能的。所以，前两年是为三中全会做了准备。"[③] 这么说是因为"文化大革命"结束后，在党的领导下，全国人民以极大热情投入各项工作，在揭发批判"四人帮"的罪行、清查其帮派体系的同时，开始部分进行党和国家组织的整顿、冤假错案的平反，恢复无辜受迫害干部名誉等工

---

① 中共中央文献研究室编：《邓小平年谱》（1975—1997）（上），中央文献出版社 2004 年版，第 372—373 页。

② 《邓小平文选》第 2 卷，人民出版社 1994 年版，第 132 页。

③ 《邓小平文选》第 2 卷，人民出版社 1994 年版，第 242 页。

作。此外，进行企业整顿，建立各项规章制度，恢复和发展生产，国民经济也得到较快恢复，某些方面甚至有所发展。这为实现历史转折作了必要准备。

一是初步平反冤假错案。在党中央领导下，中央组织部经过艰苦工作，打开了平反冤假错案工作的局面。经过艰苦努力，到1978年7月，中组部按政策分配安置中央、国家机关干部5344名，占中央和国家机关53个单位原有的待分配干部的87.2%。单1978年，中组部就直接办理和复查平反了130多名副省级以上的大案要案。最具突破意义的是，复查澄清了"薄一波等61人叛徒集团"案的大错案。1978年9月20日，胡耀邦在中央办公厅召开的全国信访工作会议上，阐明了"两个不管"的实事求是方针。即凡是不实之词，凡是不正确的结论和处理，不管是什么时候、什么情况下搞的，不管是哪一级组织、什么人定的、批的，都要实事求是地改正过来。这一精神推动了平反冤假错案的工作向历史纵深发展。尽管平反冤假错案还未全面展开，解放出来的干部数量仍然有限，但的确为实现拨乱反正、实现历史转折，准备了力量，提供了干部。

二是开展了轰轰烈烈的真理标准问题大讨论。面临国内外复杂局势，部分领导人依然推行"两个凡是"，坚持以阶级斗争为纲。这样，不可能解决既要纠正"文化大革命"的错误，又要维护毛泽东的历史地位和毛泽东思想作为党的指导思想的地位这样重大而复杂的问题。因此，"文化大革命"结束后两年间，各项工作虽有所前进，但党和国家的工作在总体上处于徘徊中前进的局面。广大干部和群众纷纷要求改变这一局面，并在邓小平等一批老同志的带动和引导下，向"两个凡是"禁区发起冲击。中央党校内部刊物《理论动态》于1978年5月10日发表经中央党校副校长胡耀邦审定的《实践是检验真理的唯一标准》一文，5月11日，《光明日报》以"本报特约评论员"的署名形式公开发表此文，新华社向全国转发。5月12日，《人民日报》《解放军报》以及《解放日报》全文转载。文章的观点与"两个凡是"针锋相对，因而立即引起关于真理标准问题的热烈讨论。但由于"两个凡是"的影响相当顽强，该文观点受到一些领导人的严厉责难。在讨论面临巨大压力的关键时刻，邓小平、叶剑英、陈云等一批老同志都支持这场讨论。从而使这场讨论迅速发展成得到党内和社会各界广泛参与的思想解放运动，为打破“两个凡是”的思想禁锢，重新确立实事求是的指导方针，实现历史转折，作了思想和舆论上的准备。

三是召开国务院务虚会，就拟定改革开放政策进行了初步酝酿。在真理标准问题讨论的推动下，党内一些同志实事求是地对“文化大革命”、中国发展落后、国际形势进行深刻反思，重新思

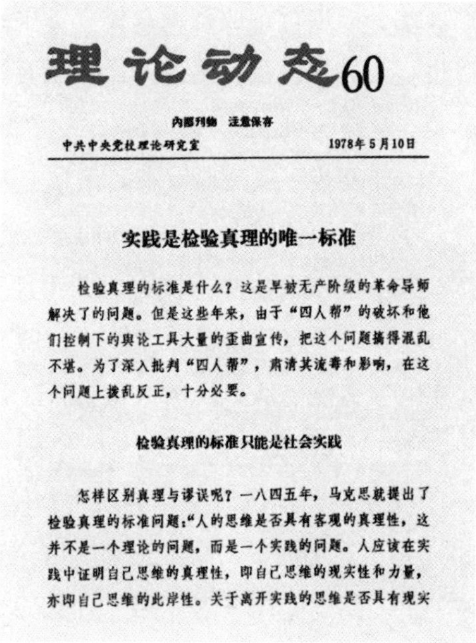

理论动态 60

内部刊物　注意保存

中共中央党校理论研究室　　1978年5月10日

实践是检验真理的唯一标准

检验真理的标准是什么？这是早被无产阶级的革命导师解决了的问题。但是这些年来，由于“四人帮”的破坏和他们控制下的舆论工具大量的歪曲宣传，把这个问题搞得混乱不堪。为了深入批判“四人帮”，肃清其流毒和影响，在这个问题上拨乱反正，十分必要。

检验真理的标准只能是社会实践

怎样区别真理与谬误呢？一八四五年，马克思就提出了检验真理的标准问题：“人的思维是否具有客观的真理性，这并不是一个理论的问题，而是一个实践的问题。人应该在实践中证明自己思维的真理性，即自己思维的现实性和力量，亦即自己思维的此岸性。关于离开实践的思维是否具有现实

1978年5月10日，中共中央党校内部刊物《理论动态》第60期发表《实践是检验真理的唯一标准》一文。

实践是检验真理的唯一标准

本报特约评论员

检验真理的标准只能是社会实践

理论与实践的统一，是马克思主义的一个最基本的原则

（下转第二版）

1978年5月11日，《光明日报》以特约评论员的名义公开发表了《实践是检验真理的唯一标准》一文。

考中国的发展道路。1978 年下半年，国务院先后召开了一系列会议，提出学习和借鉴国外先进管理经验、引进国外资金和先进技术、改革经济体制的建议，并要求经济工作实行相应地改变。其中，7 月至 9 月召开的国务院务虚会集中讨论了如何引进外资和技术设备、改革经济管理体制、加快我国建设速度的问题。李先念在会上提出，实现四个现代化，是一场伟大革命。这场革命既要大幅度地改变目前落后的生产力，也就必然要多方面地改变生产关系，改变上层建筑，改变工农企业的管理方式和国家对工农业企业的管理方式，改变人们的活动方式和思想方式，使之适应于现代化大经济的需要。① 这次会议对全党实现工作重点转移，实行改革开放，起了积极推动作用。

四是提出工作重点转移。在支持真理标准问题大讨论的同时，有的老一辈无产阶级革命家在深入思考中国下一步究竟向何处去。1978 年 9 月，邓小平到东北考察工作。其间，用他自己的话说是“到处点火”。“我在东北三省到处说，要一心一意搞建设。国家这么大，这么穷，不努力发展生产，日子怎么过？我们人民的生活如此困难，怎么体现出社会主义的优越性？”② 因此，他强调中国面临的迫切任务是发展生产力，从而提出了把党和国家的工作重点转移到社会主义现代化建设上来的重要意见。他的这一想法，得到其他常委的认同。

这期间，高考制度恢复，全国科学大会召开，国家政治生活逐步恢复，社会局势日益平稳。但涉及历史转折的关键问题即政治路线、思想路线、组织路线并没有解决。国内外局势迫切要求我们党尽快就关系党和国家前途命运的大政方针作出政治决断和战略抉择。

（二）为党的十一届三中全会召开作了充分准备的中央工作会议

1978 年 11 月 10 日至 12 月 15 日，中共中央工作会议在北京召开。华国锋主持会议，叶剑英、邓小平、李先念、汪东兴出席，各省、自治区、

① 《李先念传（1949—1992）》，中央文献出版社 2009 年版，第 1066 页。
② 《邓小平文选》第 3 卷，人民出版社 1993 年版，第 10 页。

直辖市和各大军区的主要负责同志，还有党、政、军各部门和群众团体的主要负责人共212人参加。会议分东北、华北、西北、华东、中南、西南六个大组。

在10日下午举行的开幕式上，华国锋在讲话中宣布了会议议题是讨论《关于加快农业发展速度的决定》和《农村人民公社工作条例（试行草案）》；商定1979年和1980年两年国民经济计划的安排；讨论李先念在国务院务虚会上的讲话。中央政治局根据邓小平的提议，决定在讨论上述议题前，先讨论从明年起把党的工作重点转移到社会主义现代化建设上来的问题。华国锋指出这是一个事关全局的问题，是这次会议的中心思想。

中央工作会议分为三个阶段：第一阶段是从11月10日至26日，着重安排讨论工作重点转移和有关农业问题的两个文件，但如何解决历史遗留问题一时成为大家关注的热点。11月11日，各组按计划讨论工作重点转移问题。绝大多数同志都表示拥护中央政治局的决定。围绕工作重点转移，不少与会同志提出需要解决一些重大历史遗留问题。11月12日，陈云在东北组的发言中说，实现四个现代化是全党和全国人民的迫切愿望，安定团结也是全党和全国人民关心的事。为了保证安定团结，“对有些遗留的问题，影响大或者涉及面很广的问题，是需要由中央考虑和作出决定的”①。随后，他提出了六个迫切需要解决的重大历史遗留问题。这一发言立即引起强烈反响。在陈云等一批老同志的带动下，与会同志解放思想，畅所欲言，纷纷发表意见，出现了此前少有的党内民主气氛。

11月13日下午4点，第二次全体会议召开，决定用六天时间讨论中央草拟的《关于加快农业发展速度的决定》《农村人民公社工作条例（试行草案）》两个文件。与会同志认为文件所谓的农业形势一片大好，没有如实反映中国农业事实，没有正视农业存在的问题，应予以修改或重写。在讨论农业问题的同时，因为陈云的发言，大家兴奋点和注意力还集中在历史遗留问题上。与会同志纷纷提出纠正“文化大革命”及其以前的冤假错

---

① 《陈云文选》第3卷，人民出版社1995年版，第232页。

案，要求总结“文化大革命”教训，要求中央对康生、谢富治进行审查。结合历史遗留问题，大家还讨论了加强民主、健全法制、党的建设等问题。对大家比较集中地提出的一些历史遗留问题，中央政治局常委进行了认真讨论。11月25日下午，召开第三次全体会议，华国锋代表中央政治局宣布为天安门事件等七个问题平反，同时宣布了关于康生、谢富治的问题，并指出中央的方针是“既要解决问题，又要稳定局势”。中央政治局适时地作出上述正确决定，使与会同志心情舒畅，大家畅所欲言，思想更加解放。

第二阶段是从11月27日至12月12日，会议着重安排讨论关于国民经济的计划和李先念在国务院务虚会上的讲话。在讨论1979年、1980年两年国民经济计划的安排时，不少同志对粉碎“四人帮”后的经济工作中的急于求成倾向和国民经济比例失调问题提出了批评，希望不要重犯1958年一哄而起的错误。在讨论李先念在国务院务虚会上的讲话时，很多同志赞成关于改革经济管理体制、大胆引进国外先进技术设备、吸收外国资金，以加快建设速度的主张。这为党的十一届三中全会制定改革开放政策奠定了基础。但这一阶段讨论最热烈的是真理标准问题讨论中的分歧。经过讨论，大家普遍认识到，在这个问题上的分歧，实质上是两种思想路线的分歧。这个问题不解决，是非就搞不清，工作重点转移也无法顺利进行。因此应当重新确立实事求是的思想路线。在讨论解决历史遗留问题、真理标准讨论问题的过程中，与会代表提议中央调整犯错误的同志。中央政治局认真研究了与会代表关于人事的意见，就人事安排作了决定，为党的十一届三中全会制定正确的组织路线准备了基础。

第三阶段是从12月13日至15日。12月13日，中央工作会议举行闭幕会。闭幕会上，华国锋、叶剑英、邓小平发表了讲话。邓小平题为《解放思想，实事求是，团结一致向前看》[①]的讲话指出，首先是解放思想，只有思想解放了，我们才能正确地以马列主义、毛泽东思想为指导，解决过

① 讲话题目原为《在中央工作会议上的讲话》，后编入《邓小平文选》时改为此题目。

去遗留的问题，解决新出现的一系列问题。一个党，一个国家，一个民族，如果一切从本本出发，思想僵化，迷信盛行，那它就不能前进，它的生机就停止了，就要亡党亡国。他强调，民主是解放思想的重要条件，为了保障人民民主，必须加强法制。邓小平在讲话中提出改革经济体制的任务，鲜明指出："如果现在再不实行改革，我们的现代化事业和社会主义事业就会被葬送。"①讲话还提出了一个"大政策"，即允许一部分地区、一部分企业、一部分工人农民，由于辛勤努力成绩大而收入先多一些，生活先好起来。一部分人生活先好起来，就必然产生示范力量，就会使整个国民经济不断地波浪式地向前发展，使全国各族人民都能较快地富裕起来。这篇重要讲话对关系国家前途命运的重大问题进行了高屋建瓴的论述，解决了人们普遍关心的问题，对中国未来发展具有很强的指导意义。这既是中央工作会议的总结报告，也是即将召开的十一届三中全会的主题报告。正如江泽民在党的十五大报告中所指出的：这篇讲话，是在"文化大革命"结束以后，中国面临向何处去的重大历史关头，冲破"两个凡是"的禁锢，开辟新时期新道路、开创建设有中国特色社会主义新理论的宣言书。叶剑英在闭幕会上的讲话，着重谈了三个重要问题：一是领导班子问题；二是发扬民主，加强法制；三是勤奋学习，解放思想。最后，华国锋总结，他首先完全赞成邓小平、叶剑英的重要讲话。接着他说，政治局、到会同志一致认为，这次会议坚持了民主集中制，充分发扬民主，畅所欲言，集思广益，共同努力，开得很好，很成功。会议讨论和解决了以下四个问题：一是大家一致赞成中央政治局明年1月起把全党工作的着重点转移到社会主义现代化建设上来的重大决策，决定今年结束揭批"四人帮"的群众运动。二是解决了"文化大革命"遗留的和历史遗留的重大问题，为天安门事件等平反，确定了解决好问题的方针、政策和方法。三是讨论和修改了关于农业问题的两个文件，原则上研究了明年后年国民经济的计划安排。四是酝酿了中央政治局增补中委人选的意见。这次会议，在党的历史上、

① 《邓小平文选》第2卷，人民出版社1994年版，第150页。

在新长征道路上有重要意义。华国锋还肯定了真理标准问题大讨论，并就“两个凡是”作了自我批评。闭幕会后，用了两天时间，学习讨论三位中央领导同志在闭幕会上的讲话。12 月 15 日，会议顺利闭幕。

这次为期 36 天的中央工作会议，摆脱了“两个凡是”的思想束缚，把原定讨论经济工作的会议，开成了一次为全局性拨乱反正作准备的会议，为随后召开的党的十一届三中全会正式作出具有重大意义的一系列决策，实现历史转折，奏响了序曲。

（三）党的十一届三中全会实现伟大历史转折

1978 年 12 月 18 日至 22 日，党的十一届三中全会在北京的京西宾馆召开。出席会议的中央委员 169 人，候补中央委员 112 人，中央及地方有关部门负责同志列席会议的有 9 人，共 290 人。

邓小平在党的十一届三中全会上

这次会议是在“文化大革命”结束后，党和国家面临何去何从的重大历史关头召开的。会议的主要任务是，讨论通过中央政治局关于从 1979 年 1 月起把全党工作重点转移到社会主义现代化建设上来的建议，审议通过关于农业问题的两个文件和 1979 年、1980 年两年国民经济计划安排，讨论人事问题和选举产生中央纪律检查委员会。

在邓小平领导下和老一辈革命家支持下，经过与会同志的共同努力，党的十一届三中全会圆满完成了预定的各项议程。22日晚，华国锋主持闭幕会，并就工作重点转移问题发表了讲话。闭幕会上，增选陈云为中央政治局委员、政治局常务委员、中央委员会副主席；增选邓颖超、胡耀邦、王震为中央政治局委员；增补黄克诚、宋任穷、胡乔木、习仲勋、王任重、黄火青、陈再道、韩光、周惠为中央委员，将来提请党的十二次全国代表大会对这一增补手续予以追认。决定恢复并选举产生了以陈云为第一书记的中央纪律检查委员会。

党的十一届三中全会会场

由于准备充分，指导思想明确，会议取得了重大成果。

第一，确立了解放思想、实事求是的指导方针，实现了党的思想路线的拨乱反正。全会高度评价了关于实践是检验真理的唯一标准问题的讨论，强调要解放思想，实事求是，一切从实际出发。

第二，作出了党和国家工作重点转移的战略决策。全会果断停止使用“以阶级斗争为纲”的口号，正式作出了“把全党工作的着重点和全国人民的注意力转移到社会主义现代化建设上来”的战略决策，实现了党在政治路线上的拨乱反正。

第三，全会作出的实行改革开放的新决策，开始了党和国家从“以阶级斗争为纲”到以经济建设为中心，从僵化半僵化到全面改革，从封闭半封闭到对外开放的历史性转变。全会指出，现在必须“对经济管理体制和经营管理方法着手认真的改革，在自力更生的基础上积极发展同世界各国平等互利的经济合作，努力采用世界先进技术和先进设备，并大力加强实现现代化所必需的科学和教育工作”[①]。

第四，提出了加强社会主义民主法制建设的要求。全会强调，为了保障人民民主，必须加强社会主义法制，使民主制度化、法律化，使这种制度和法律具有稳定性、连续性和极大的权威。

第五，解决了一些重要的历史问题。全会决定撤销中央过去发出的有关所谓“反击右倾翻案风”运动和处理天安门事件的错误文件。全会还审查和纠正了过去对彭德怀、陶铸、薄一波、杨尚昆等同志所作的错误结论，提出解决历史遗留问题必须遵循实事求是、有错必纠的原则。

第六，实际形成了以邓小平为核心的党中央领导集体。全会后接着召开的中央政治局会议确定胡耀邦为中央秘书长，处理党的日常工作。此后，华国锋虽然仍担任中央主席至 1981 年 6 月，但从党的指导思想和实际工作来说，邓小平已成为党中央领导集体的核心。

党的十一届三中全会，是中国进入社会主义事业发展新时期的光辉标志，是党和国家历史上具有深远影响的伟大历史转折，堪与新民主主义革命时期的遵义会议相媲美。由于一系列根本性转变，全会结束了粉碎“四人帮”以后党的工作在徘徊中前进的局面。正如邓小平所指出的“一九七八年我们党的十一届三中全会对过去作了系统的总结，提出了一系列新的方针政策。中心点是从阶级斗争为纲转到以发展生产力为中心，从封闭转到开放，从固守成规转到各方面的改革”[②]。可以说，“党在思想、政治、组织等领域的全面拨乱反正，是从这次全会开始的。伟大的社会主义改革开放，是由这次全会揭开序幕的。建设有中国特色社会主义的新道路，是以这次全会为起点开辟的。当代中国的马克思主义——邓小平理论，是

---

① 中共中央文献研究室编：《三中全会以来重要文献选编》（上），中央文献出版社 2011 年版，第 5 页。

② 《邓小平文选》第 3 卷，人民出版社 1993 年版，第 269 页。

在这次全会前后开始逐步形成和发展起来的”①。

2008 年 12 月 18 日，胡锦涛在纪念党的十一届三中全会召开 30 周年大会上，对这次全会也给予了高度评价：“党的十一届三中全会标志着我们党重新确立了马克思主义的思想路线、政治路线、组织路线，标志着中国共产党人在新的时代条件下的伟大觉醒，显示了我们党顺应时代潮流和人民愿望、勇敢开辟建设社会主义新路的坚强决心。”②

2018 年 12 月 18 日，习近平在庆祝改革开放 40 周年大会上，对党在十一届三中全会上之所以能作出实行改革开放的历史性决策进行了深刻分析，指出这是“基于对党和国家前途命运的深刻把握，是基于对社会主义革命和建设实践的深刻总结，是基于对时代潮流的深刻洞察，是基于对人民群众期盼和需要的深刻体悟”③。2019 年 1 月，习近平在主持召开中央全面深化改革委员会第六次会议时强调，党的十一届三中全会是划时代的，开启了改革开放和社会主义现代化建设历史新时期。2021 年党的十九届六中全会通过的第三个历史决议对党的十一届三中全会也给予高度评价，指出全会“实现了新中国成立以来党的历史上具有深远意义的伟大转折”④。

党和国家之所以能在短短的两年多的时间内走出“文化大革命”实现伟大的历史转折，主要有三个方面的原因，一是会议主题明确，都是工作重点转移问题，符合中国发展的实际需要，顺应党心民意；两次会议会风比较民主，充分讨论，开展了批评与自我批评，推动实现了历史转折。二是老一辈无产阶级革命家充分运用政治智慧，选对了路，叶剑英、邓小平、陈云、华国锋等在历史转折关头发挥出重要作用。三是对国际形势进行深刻反思。邓小平深有感触地指出：“我们要赶上时代，这是改革要达到的目

① 中共中央文献研究室编：《十五大以来重要文献选编》(上)，中央文献出版社 2011 年版，第 594 页。

② 胡锦涛：《在纪念党的十一届三中全会召开 30 周年大会上的讲话》(2008 年 12 月 18 日)，人民出版社 2008 年版，第 3 页。

③ 习近平：《在庆祝改革开放四十周年大会上的讲话》(2018 年 12 月 18 日)，《论坚持全面深化改革》，中央文献出版社 2018 年版，第 502 页。

④《中共中央关于党的百年奋斗重大成就和历史经验的决议》，人民出版社 2021 年版，第 15 页。

的。”改革开放是中国共产党的一次伟大觉醒，正是这个伟大觉醒，孕育了党从理论到实践的伟大创造。

党的十一届三中全会后不久，我们党就逐步形成了“一个中心、两个基本点”的基本路线，打开了一条一心一意搞建设的新路，为改革开放后中国的快速发展明晰了“路线图”。党的十一届三中全会作为一个伟大转折点而载入光辉史册。自此，从开启新时期到跨入新世纪，从站上新起点到进入新时代，中国共产党引领人民绘就了一幅波澜壮阔、气势恢宏的历史画卷，谱写了一曲感天动地、气壮山河的奋斗赞歌，创造了令世界为之瞩目的中国奇迹。

二、改革开放的起步

党的十一届三中全会召开后，党在国民经济领域实施新的调整方针，努力减少“洋跃进”的影响，经济体制改革有了新思路，农村改革、城市改革和对外开放都迈出关键步伐。中国改革开放成功起步。

经济体制改革的新思路。“文化大革命”结束后，人们不仅开始深刻反思，反思中国为什么发生“文化大革命”、反思中国为什么这么落后[①]。在1978年7月至9月召开的国务院务虚会上，孙冶方、薛暮桥等著名经济学家在发言中，不仅指出计划经济体制存在弊端，还呼吁为长途贩运平反，重提“千规律，万规律，价值规律第一条”。胡乔木会后写了一篇过万字的大文章，发表于《人民日报》，提出社会主义经济要遵循有计划按比例规律和价值规律。1979年2月22日，李先念在一次会议上说，他和陈云谈过计划与市场的问题。陈云同意在计划经济的前提下，搞点市场经济作为补充。计划经济和市场经济结合，以计划经济为主；市场经济是补充，不是小补充，而是大补充。3月8日，陈云在《计划与市场问题》提纲中提出，“六十年来，无论苏联或中国的计划工作制度中出现的主要缺点：只有‘有计划按比例’这一条，没有在社会主义制度下还必须有市场调节这一条”[②]。

① 习近平：《论坚持全面深化改革》，中央文献出版社2018年版，第4页。
② 《陈云传》（下），中央文献出版社2005年版，第1628页。

整个社会主义时期都必须有计划经济和市场经济这两种经济，“第一部分是基本的主要的；第二部分是从属的次要的，但又是必需的”①。这实际上初步形成了经济体制改革的最初思路：计划经济为主、市场调节为辅。3 月 20 日举行的中央政治局会议，决定成立财政经济委员会，“由陈云、李先念两同志挂帅，统一管理全国的财政经济工作和目前的调整工作”②。李先念在 4 月举行的中央工作会议上，就如何改革经济体制提出“以计划经济为主，同时充分重视市场调节的辅助作用”③的办法。5 月 18 日，陈云说：“体制改革势在必行。现在要进行研究，先改什么，后改什么，怎么改。”④ 7 月 1 日召开的五届全国人大常委会第九次会议批准设立国务院财政经济委员会。

在经济调整过程中，经济体制改革思路慢慢得以实践。11 月 26 日，邓小平使用了市场经济的概念。他在会见美国客人时谈道：“说市场经济只存在于资本主义社会，只有资本主义的市场经济，这肯定是不正确的。社会主义为什么不可以搞市场经济，这个不能说是资本主义。我们是计划经济为主，也结合市场经济，但这是社会主义的市场经济。虽然方法上基本上和资本主义社会的相似，但也有不同，是全民所有制之间的关系，当然也有同集体所有制之间的关系，也有同外国资本主义的关系，但是归根到底是社会主义的，是社会主义社会的。市场经济不能说只是资本主义的。市场经济，在封建社会时期就有了萌芽。社会主义也可以搞市场经济。同样地，学习资本主义国家的某些好东西，包括经营管理方法，也不等于实行资本主义。这是社会主义利用这种方法来发展社会生产力，把这当作方法，不会影响整个社会主义，不会重新回到资本主义。”⑤

改革有了思路，但得靠具体方案落实。1979 年 12 月，国务院财经委下属的经济体制改革研究小组形成了《关于经济体制改革总体设想的初步

---

① 中共中央文献研究室编：《陈云传》（下），中央文献出版社 2005 年版，第 1629 页。
② 《邓小平文选》第 2 卷，人民出版社 1994 年版，第 162 页。
③ 《李先念文选》，人民出版社 1989 年版，第 372 页。
④ 中共中央文献研究室编：《陈云传》（下），中央文献出版社 2005 年版，第 1633 页。
⑤ 中共中央文献研究室编：《邓小平年谱（1975—1997）》（上），中央文献出版社 2004 年版，第 580—581 页。

意见》，这是中国经济体制改革的第一个方案。方案提出了改革的五大原则，其中第一个原则是“把单一的计划调节，改为计划调节和市场调节相结合，以计划调节为主，注意发挥市场调节的作用”。1980 年初，李先念在中南海主持召开国务院财经会议讨论这个稿子。据当事人徐景安回忆，李先念建议这个文件还是先发下去试行。就这样，文件通过了。第一个方案是按照计划经济为主、市场调节为辅的思路来写的。1980 年 9 月，国务院体制改革办公室形成经济体制改革的第二个方案即《关于经济体制改革的初步意见》，方案的第一句话就是“我国现阶段的经济是生产资料公有制占优势，多种经济成分并存的商品经济”。据参与起草意见的杨启先回忆，这句话是体改办顾问、经济学家薛暮桥加上去的。胡耀邦看到了这个方案，觉得很有水平，就请薛暮桥到正在召开的省、市、自治区一把手座谈会上讲了一讲。薛暮桥在讲述中，提出这是对马克思主义学说的新发展。

但国内经济形势发生了一些变化，1980 年下半年中国经济由于“洋冒进”翘尾因素影响，加上国有企业放权让利改革存在的弊病等，经济领域出现赤字增加、物价上涨、宏观失控的混乱情况。这种情况下，有人指责说最近一两年有人提出搞商品经济、尊重价值规律，把计划搞乱了，结果经济出现失控。这就怪罪到主张搞商品经济的一些经济学人头上。当时，还有青年上书中央领导，提出“抑需求，稳物价；舍发展，求稳定；缓改革，重调整；大集中，小分散”的 24 字方针。陈云在 1980 年 12 月中央工作会议上宣读了这封信，并强调“我们国家是以计划经济为主体的”，“我们要改革，但是步子要稳”，“开始时步子要小，缓缓而行”。[①] 从 1981 年 11 月到 1982 年 1 月，三个月里，陈云四次就计划经济为主谈话。尤其是 1982 年 1 月 25 日谈话时指出：“一年之计在于春。我今天要讲的是怎样坚持以计划经济为主、市场调节为辅的问题。我们国家是计划经济，工业要以计划经济为主，农业实行家庭生产责任制以后仍要以计划经济为主。”[②] 这一天是大年初一，所以也叫“春节谈话”。出于宣传工作考虑，陈云的谈

① 《陈云文选》第 3 卷，人民出版社 1995 年版，第 278—279 页。
② 《人民日报》1982 年 1 月 26 日。

话要点被新华社作为新闻稿发国内外，第二天被各大报纸发表。4月3日，邓小平在同胡乔木等谈话时谈到了经济体制改革，强调说："经济体制改革还只是试点。这几年实行对外开放、对内搞活经济的政策，是有成绩的，不过也只是开始。陈云同志讲要总结经验。总结经验的目的，也是为了使改革继续进行下去，保证我们的体制是社会主义性质的、中国式的，有利于发展生产，改善人民生活，有利于发挥各方面的积极性。最重要的，还是陈云同志说的，公有制基础上的计划经济，计划经济为主、市场调节为辅，全国一盘棋，主要经济活动都要纳入国家计划轨道。"① 在此情况下，主张搞商品经济的学者压力陡增，薛暮桥不得已发文章作表态作了自我批评。这个阶段，开始了一场对商品经济的批判。有的大报发文指出，有计划的商品经济，把计划抽象了。如果这样就会模糊社会主义经济与资本主义经济的区别。事实上，如果没有计划经济，也就没有什么社会主义可言了。这种戴帽式批评，使得很多人不敢提商品经济了。

计划经济为主、市场调节为辅就是历史转折年代的经济体制改革思路。这个思路突破了计划经济一统天下，让市场发挥了自己的一定作用，使得小商小贩等还能合理存在，具有重大的积极意义。但局限在于，市场的作用发挥不够，计划的作用依然较大，不利于经济社会较快发展。但也不能怪罪前人，毕竟突破历史惯性的束缚难度很大，能够结合中国实际向前走一点，那也是创新。思想解放到什么程度，实践有时才会推进到什么程度。毕竟任何人的思考都是在一定社会历史条件下进行的。

在经济体制改革的进程中所有制结构悄然发生了变化。这种变化是在解决就业的过程中发生的。上山下乡的知识青年回城，带来了巨大的就业压力。1979年，全国有2000多万待业人员。高考、参军等只能解决一部分人的延迟就业或就业问题。北京前门箭楼西侧出现了大碗茶青年茶社，安徽芜湖有了年广九卖瓜子，浙江温州的章华妹在家门口卖针头线脑。这些都是灵活就业的形式。但如何规范这些摆摊人呢？1980年8月，党中央

① 邓小平同胡乔木、邓力群的谈话记录，1982年4月3日。转引自《陈云传》(下)，中央文献出版社2005年版，第1645—1646页。

召开全国劳动就业工作会议，提出坚持国家统筹规划指导，允许实行劳动就业部门介绍就业与自愿组织起来就业、自谋职业相结合的新办法。这一年温州成立工商所，章华妹成为获得第一个营业执照的个体户，由此改变了人生。1981年10月，党中央、国务院作出《关于广开门路，搞活经济，解决城镇就业问题的若干决定》，对发展多种经济形式解决就业问题给予充分肯定，指出在社会主义公有制占优势的根本前提下，实行多种经济形式和多种经营方式长期并存是党的一项战略决策。这期间也有人有疑问，有的个体经营者雇了人、赚了钱，算不算剥削？在邓小平领导下坚持等一等、看一看的态度，使得个体、私营迅速发展了起来，由此活跃了城乡，解决了就业，增加了财政，改善了生活。此后，公有制为主体，个体经济、私营经济、外资经济和其他经济为补充，多种经济成分共同发展的局面渐渐形成。

北京大碗茶青年茶社

农村改革率先取得突破。早在20世纪50年代，安徽等地农民为了填饱肚子，就试验过包产到户，但可惜没有坚持下来。1978年安徽大旱，农民为生计发愁，“农业学大寨”的生产方式显然解决不了农民的饿肚子问题。这年9月，安徽肥西县山南公社黄花村和小井庄把地悄悄包给了农民。时任中共安徽省委第一书记的万里给予了支持。在党的十一届三中全会召开期间，安徽凤阳县小岗村的村民在灰暗的灯光下，在一张纸上悄悄按下了红手印，把村上的农田分给了各家各户。而在此前后，安徽省外其他地方包括广东、贵州、云南等地也放宽政策，采取了类似做法。农民的目的很简单，就是要填饱肚子。党的十一届三中全会结束后，解放思想的风气渐渐形成，对农业的政策也在逐步放宽。党的十一届四中全会讨论并一致通过《中共中央关于加快农业发展若干问题的决定（草案）》，这个决定草案在党的十一届三中全会原则上通过后，经过九个月来全国范围的学习、讨论和试行，深受亿万农民群众的欢迎，收到了很好的效果。全会根据全国讨论和试行情况，集中广大群众和干部的意见，对决定草案作了必要的修改。在此前后，四川、内蒙古、甘肃、河南、贵州等地出现了包产到组、包产到户、联产计酬等多种形式的农业生产责任制。包产到组和包产到户，调动了农民的积极性，粮食产量明显增加。小岗村，原来是远近闻名的“要饭村”“光棍村”，但实行包产到户后，农民种粮积极性大大增加，粮食产量节节攀升。原来靠吃返销粮过日子的小岗村开始破天荒的缴公粮了，甚至有人盖新房、娶新娘了。

包产到户的实行对农民增产增收确实立竿见影，但这一行为也招来了不少批评的声音。有人指责安徽这是在走回头路、走资本主义道路。国内的一家权威报纸也刊登了基层干部来信，对包产到户提出质疑。这就是著名的“张浩来信”。1979 年 2 月，甘肃省档案局干部张浩回洛阳伊川县老家探亲，发现村里正分产到组，因家里劳动力不足，少分了几口牲口，张浩遂向党中央写信，陈述了自己对家庭联产承包责任制的不满，希望中央将农村生产体制改回人民公社制度。他认为实行“三级所有、队为基础”符合当前农村的实际情况，应该稳定，不能随便变更，轻易从“队为基础”退回去，搞分组，是脱离群众，不得人心的。3 月 15 日，该信被刊登在《人民日报》头版头条，这立刻带来了已推行改革地区的震动，使改革陷入“混乱”。农民怕政策变化，有些地方的地刚分出去，又把地收归集体统一安排。支持包产到户的安徽省委压力很大。为形成正确的舆论导向，万里决定也在《人民日报》上发表文章。安徽省农委的辛生、卢家丰给《人民日报》写了一篇题为《正确看待联系产量责任制》的信。信中说：“包产到组”和“包工到组，联系产量计算报酬，实行超产奖励”并没有什么本质不同，它既不改变所有制性质，又不违背党的政策原则，为什么却把它当作“错误做法”，要“坚决纠正”呢？……好像“包”就是资本主义，一“包”就改变所有制性质，集体经济马上就要瓦解了，这种看法实在是站不住脚的。3月30日，《人民日报》在头版显著位置发表了这封信，同时配发了题为《发挥集体经济优越性，因地制宜实行计酬办法》的编者按语，承认3月15日刊登的张浩来信及按语中“有些提法不够准确，今后要注意改正”，并表示：“不管用哪种劳动计酬方式和办法，不要轻易变动，保持生产的稳定局面。”信件的发表以及《人民日报》的表态，一定程度上挽回了张浩来信带来的不良影响。尽管如此，安徽省委压力也还是有的。在五届全国人大二次会议开幕那一天，大会休息时，安徽省委第一书记万里跟陈云商量说，安徽一些农村已经搞起了包产到户，看怎么办好？陈云坚定地回答：“我双手赞成。”万里又同邓小平谈了这个问题，邓小平也表示赞成，说：“不要争论，你就这么干下去就完了，就实事求是地干下去。”①

1980年1月31日下午，华国锋、邓小平、李先念、胡耀邦、王任重、姚依林等听取国家农委的汇报。会上，华国锋强调指出，“责任制和包产到户单干不要混同起来”，包产到户使老的、弱的也分了一分地，生产上有困难。已经搞了的，要认真总结经验，提高觉悟，逐步引导他们组织起来。倾向性依然十分明显。邓小平在会上一直在沉思。早在20世纪60年代初，他就以“黄猫、黑猫，只要捉住老鼠就是好猫”的妙语支持安徽包产到户。这次会上，他未就包产到户直接表态，而是讲了农村工作的另一个问题，即到20世纪末达到小康目标，每人收入1000美元的问题。他说，这是一个战略思想，我们要按1000美元这个目标，考虑我国经济发展的速度，考虑农村经济的发展。现在不订出规划，不确定目标，四个现代化就没有希望。这实际上是告诫全党：在农村改革问题上，要有紧迫感，要加快改革开放的步伐，再不能裹足不前了。

---

① 中共中央文献研究室编：《陈云传》（下），中央文献出版社2005年版，第1615页。

为推动改革，优化领导结构，1980 年 2 月下旬，党的十一届五中全会对中央领导班子作出调整，批准汪东兴、纪登奎等辞去领导职务，胡耀邦任总书记，以确保正确的政治路线和思想路线有正确组织路线作保证。同时，选调万里进京，担任中央书记处书记，后担任国务院副总理兼国家农委主任。

邓小平一直在关注农村改革，并在关键时刻给予支持。1980 年 4 月 2 日，他在同胡耀邦、万里等人谈话时指出，“对地广人稀、经济落后、生活穷困的地区，像贵州、云南、西北的甘肃等省份中的这类地区，我赞成政策要放宽，使他们真正做到因地制宜，发展自己的特点”①。5 月 31 日他在同中央负责人谈话时又指出，“农村政策放宽以后，一些适宜搞包产到户的地方搞了包产到户，效果很好，变化很快。安徽肥西县绝大多数生产队搞了包产到户，增产幅度很大。‘凤阳花鼓’中唱的那个凤阳县，绝大多数生产队搞了大包干，也是一年翻身，改变面貌。有的同志担心，这样搞会不会影响

凤阳农民在打花鼓庆丰收

① 中共中央文献研究室编：《邓小平年谱（1975—1997）》（上），中央文献出版社 2004 年版，第 615—616 页。

集体经济。我看这种担心是不必要的”[①]。邓小平还特别强调“从当地具体条件和群众意愿出发，这一点很重要”[②]，“总的说来，现在农村工作中的主要问题还是思想不够解放”[③]。这实际上为广大农民说了话，表明了自己的态度。

1980 年 9 月 14 日至 22 日，刚刚调整的中央领导班子在北京召开了省、市、自治区党委第一书记座谈会，专题讨论加强和完善农业生产责任制问题。此时，尽管人们对包产到户认识还有分歧，但阻力已大大减小。大家很快取得共识，形成了会议纪要。中央批准后印发了《关于进一步加强和完善农业生产责任制的几个问题》的通知，这就是著名的中发［1980］75 号文件。这个文件打破了多年来形成的包产到户等于资本主义复辟的僵化观念，向前迈进了一大步，在当时中国农村产生了较大的思想冲击。任何事物发展都不会一帆风顺，农业改革也是一路争论。针对关于农业发展的争议，1981 年 10 月，中央批转了国家农委《关于积极发展农村多种经营的报告》（1981 年第 13 号文件），这个报告关系到实现温饱、重建农业生产结构、调整农业生产等问题，大大鼓励了农民的生产积极性。同年召开的全国农村工作会议指出，包产到户“不同于合作化以前的小私有的个体经济，而是社会主义农业经济的组成部分；随着生产力的发展，这将发展为完善的集体经济”。会后不久，国务院考察组到东北考察时写回一封信，建议“不要强调不同地区不同形式了，让群众自愿选择”。根据这个精神起草的全国农村工作会议纪要指出，“包产到户”“包干到户”同其他形式的各种责任制一样，“都是社会主义集体经济的生产责任制”。文件第一次以中央的名义取消了包产到户的禁区，且宣布长期不变。纪要的另一要点是强调尊重群众的选择，不同地区，不同条件，允许群众自由选择。同时还提出疏通流通领域，把统购统销纳入改革的议程，有步骤地进行价格体系的改革。该纪要被作为 1982 年中央“一号文件”下发，这也是改革开放以来第一个涉农的中央“一号文件”。这就正式肯定了土地的联产承包

---

① 《邓小平文选》第 2 卷，人民出版社 1994 年版，第 315 页。

②③ 《邓小平文选》第 2 卷，人民出版社 1994 年版，第 316 页。

责任制，结束了包产到户长达30年的争论，解除了人们对包产到户、包干到户的后顾之忧，让广大农民吃了“定心丸”，从而促进了“双包”责任制在全国的广泛推行。这个文件报送给中央，邓小平看了以后说“完全同意”。陈云看后叫秘书打来电话说：这个文件我已看了，这是个好文件，可以得到干部和群众的拥护。他还亲自参加政治局会议，听取了说明，最后说：文件好，说明也好，所提问题，我赞成。胡耀邦说，农村工作方面，每年搞一个战略性文件，下次还要排“一号”。此后中央连续发布了四个“一号文件”，推动农业获得大发展。在中央好政策的推动下，农民也爆发出巨大热情，粮食产量犹如芝麻开花节节高。随着农村实行新的经营体制，农民有了更大自主权。有的利用剩余劳力和资金发展多种经营。各地农村很快涌现出一大批乡镇工业企业，也涌现出一大批生产和经营专业户。当然，也有些地方因地制宜，并未展开包产到户，而是逐渐向高水平的集体化迈进。应运而生的《在希望的田野上》，唱遍大江南北，唱出了农民的喜悦，唱出了农民的心声。

四川省农民实行责任制后忙于春耕

在农村改革的同时，以国有企业改革为重点的城市改革也在推进。在计划经济时代，国有企业没有自主权，生产什么、生产多少，都由行政部门说了算。有的大企业建个厕所要花费500元也得上级分管部门批准。企业生产积极性受到严重压抑。邓小平在1978年12月13日的讲话中就提到要扩大企业自主权、扩大管理人员的权限，加强责任制[①]。此前，1978年10月，四川省6个企业开始进行扩大企业自主权的试点工作。因这些试点企业经济效益大幅度提高，1979年初，在中共四川省委的推动下，这项试点扩展到四川省的100个工业企业和40个商业企业。1979年4月，党中央决定在北京、天津、上海等地大型国有企业进行扩大企业自主权改革试点。7月，国务院印发《关于扩大国营工业企业经营管理自主权的若干规定》《关于国营企业实行利润留成的规定》等系列文件，要求各省、市、自治区和有关部门在少数国营工交企业组织试点。经此推动，到1979年底，全国有3000多个企业进行了试点。1980年9月2日，国务院又批转国家经委《关于扩大企业自主权试点工作情况和今后意见的报告》，并决定从1981年起，把扩大企业自主权的试点工作在国营工业企业中全面推开，以推动整个经济体制的改革。到1980年6月，除西藏自治区外，全国试点企业共达6600多个，约占全国预算内工业企业数的16%，其产值占60%左右，利润占70%左右。扩大企业自主权的试点，是我国进行整个经济体制改革的重要步骤，是企业管理体制改革的突破口。

按照邓小平和党中央的部署，企业开始试行经济责任制。实行经济责任制可以使企业享有必要的经营自主权，增强企业的活力，克服经济活动中的无人负责现象；有利于贯彻按劳分配原则，充分发挥企业和劳动者的积极性；有利于提高干部和劳动者的素质，促进企业的民主管理，全面提高经营管理水平和经济效益。1981年春，经济责任制改革首先由山东省在企业中试点。10月至11月，国务院提出通过在工业企业中实行经济责任制，把企业和职工的经济利益，同他们所承担的责任和实现的经济利益联系起来。具体实践中，绝大部分企业选择了“盈亏包干”的办法，经济责任制很快在全国3.6万家国有企业中推行，到1981年底增加到4.2万家。

---

① 《邓小平文选》第2卷，人民出版社1994年版，第151页。

但这还尚未触及企业的市场主体地位问题。这个阶段，还改革了财政体制、银行体制，实行分灶吃饭的办法，扩大了地方的经济自主权，政策银行和专业银行相结合的金融机构体系慢慢形成。

设立经济特区，对外开放迈出关键步骤。如果说农村改革破局是从小岗村农民按手印取得突破的，那么对外开放应该是从东南沿海设立经济特区为标志的。由国家计委和外贸部派人组成的赴港澳经济贸易考察组（1978 年 4 月 10 日至 5 月 6 日）曾建议广东省委实行对外开放。考察组在结束考察后回到广州，向习仲勋、刘田夫等广东省党政领导人介绍他们在港澳地区实地考察经济的情况，引起广东领导人的很大震动。在交谈中，考察组对开拓宝安、珠海的建设规划提出不少好意见。建议把这两个县改为两个省辖市，派得力干部，加强领导力量；这两地的农业，要从粮食为主逐渐转为“以经营出口副食品为主”；要积极发展建筑材料工业和加工工业；开辟游览区，办好商业、服务业和文娱场所等。习仲勋等广东领导人解放思想，打开了思路，向考察组提出了一些大胆建议。接着，积极收集对外开放可供借鉴的经验，特别是亚洲“四小龙”经济腾飞的经验。港澳考察组在给中央报送的港澳经济考察报告中也提到把靠近港澳的广东宝安、珠海划为出口基地。[①] 几乎同期，国家交通部香港招商局的负责人袁庚提议在广东的某一地方建立开发区。广东省委高度重视这些意见建议。

广东为改革开放进行着紧锣密鼓的准备。1979 年 1 月 6 日，广东省和交通部联名向中央报送了《关于我驻香港招商局在广东宝安建立工业区的报告》。25 天后，占地 2.14 平方公里的蛇口工业区随之诞生。1 月 23 日，广东省委作出决定，将宝安县改为深圳市，珠海县改为珠海市，并成立两市市委。叶剑英也建议广东尽快向邓小平汇报对外开放的设想。

1979 年 4 月，中共广东省委第一书记习仲勋到北京参加中央工作会议。他在发言中希望中央能根据广东紧靠港澳、华侨众多的特点，给予

① 《习仲勋主政广东》，中共党史出版社 2007 年版，第 226 页。

特殊政策，采取灵活措施，在深圳、珠海、汕头建立出口加工区。这一设想得到了邓小平和党中央的大力支持。邓小平说："还是叫特区好，陕甘宁开始就叫特区嘛！中央没有钱，可以给些政策，你们自己去搞，杀出一条血路来。"[①] 根据邓小平的提议，中央工作会议正式讨论了广东省的提议。6月6日、9日，广东、福建分别向中央上报《关于发挥广东优越条件，扩大对外贸易，加快经济发展的报告》《关于利用侨资、外资，发展对外贸易，加快福建社会主义建设的请示报告》。7月15日，中共中央、国务院批转了广东、福建两省的报告，决定试办出口特区。1980年5月16日，中共中央、国务院批转《广东、福建两省会议纪要》，正式将特区定名为"经济特区"。同年8月，五届全国人大常委会第十五次会议审议批准了《广东省经济特区条例》。时任国家进出口管委会副主任的江泽民，接受国务院的委托，向会议作了关于在广东、福建两省设立经济特区和《广东省经济特区条例》的说明。这意味着，深圳、珠海、汕头和厦门四个经济特区就此诞生。特区的创办，给国人带来了新的气象和新的感受。

在广东的深圳河两岸，有两个村庄，一个是深圳的罗芳村，另一个是香港的绞寮村。改革开放前，罗芳村的半数村民逃到对岸，绞寮村就是那些逃港的罗芳村民组成的。逃港是因为香港生活好。为了解决偷渡潮，广东没少想办法，但无济于事。深圳设立特区后，由于日子一天比一天红火，村民们很快停止了外逃。后来，罗芳村出现了从对岸回来定居的村民。

吸收和利用外资、兴办中外合资经营企业和中外合作经营企业也是对外开放的重要方式和步骤。早在1938年底，毛泽东与瑞士新苏黎世报记者瓦尔特·博斯哈德谈话中就谈道："战争以后，为了建设，毫无疑问我

① 中共中央文献研究室编：《邓小平年谱（1975—1997）》（上），中央文献出版社2004年版，第510页。

昔日深圳是一个不起眼的小镇

经过多年发展，深圳已成为现代化城市。

们需要外国资本，特别是交通和运输方面。”[①]在党的十一届三中全会召开之前，我国已经开始了吸收和利用外资。1973 年，时任对外贸易部部长李强，就向周恩来提出扩大外贸范围，为国家多赚外汇，并开展了期货贸易，使得整个外贸局面趋于活跃，后来他向中央提议利用外国贷款。1978 年，中国的外汇储备只有 1.67 亿美元。这么少的储备，和我们大规模建设现代化的需要极不相称。自 1979 年起，我国在利用自有外汇和买方信贷进口成套设备的同时，开始接受世界银行贷款。1979 年，中国国际信托投资公司组建，开展国际信托、投资、租赁等业务。1980 年，我国恢复在世界银行、国际货币基金组织的代表权，并加入国际农业发展基金会，开始从这些国际金融机构中得到贷款。我国还先后同日本、法国等国家的公司签订协议，开展海上石油合作勘探开发。其间，我们制定了《中华人民共和国中外合资经营企业法》等一系列涉外经营法规。《中华人民共和国中外合资经营企业法》是第一部对外开放的法律，旨在引进外国资金、先进技术和先进管理经验。据亲历者全国人大常委会法制工作委员会的杨景宇说，起草这部法律，当时我国是没有实践经验的。怎么办？一是打破传统观念束缚，整理了一份《列宁关于用租让制利用外资的一些论述》。二是借鉴国外成功经验，整理了《一些国家和地区办合资企业的规定》《关于合资企业的一些情况》等十几份资料。三是规定得原则一些，不宜过细，只有 15 条。这部法律可以说具有破冰的重大意义：一是引进市场法则，规定合资双方的权利和义务由协议、合同、章程规定。二是开启现代化企业制度，规定合资企业的形式是有限责任公司，设立董事会决定重大问题。三是引进知识产权概念，规定合资双方可以“工业产权”作为投资。四是为设立外商独资企业开了大门，规定外商投资比例不封顶，只是不得低于 25%。[②]后来，为了解决这部法律实施的若干具体问题，彭真主持、组织有关部门调查研究，由国务院外国投资管理委员会党组提出《关于中外合资经营企业法几个问题的通知》，

① 转引自刘建丽：《新中国利用外资 70 年：历程、效应与主要经验》，《管理世界》2019 年第 11 期。

② 《亲历者解密“文革”后法制开局：三个多月制定七部法律》，《新京报》2018 年 12 月 3 日。

由李先念、彭真报告中央，中共中央以1980年14号文件转发。

1980年5月，营业执照为001号的北京航空食品有限公司，成为中国政府批准的第一家中外合资企业。7月，国务院颁布《中外合资经营企业登记管理办法》《中外合资经营企业劳动管理规定》和《关于中外合营企业建设用地的暂行规定》。9月，五届全国人大三次会议审议通过《中华人民共和国中外合资经营企业所得税法》。这些法律的制定出台，为外资进入提供了法治保障，有利于我国吸引外资。同时，我们还改革了对外贸易体制，扩大了外贸经营自主权。

三、大规模平反冤假错案，调整社会关系

粉碎“四人帮”后，人们欢欣鼓舞，纷纷要求纠正“文化大革命”及以前所犯错误，尤其是彻底清理冤假错案。据统计，“文化大革命”期间，仅被立案审查的国家干部就占当时国家干部人数的17.5%，一般干部被立案审查的有200余万，而中央、国家机关副部长以上和地方副省长以上的高级干部，被立案审查的高达75%。[①]受到其他各种形式的伤害和株连的人口高达一亿。“文化大革命”前“左”倾错误遗留下来的冤假错案，牵扯人数也超过了100万。党的十一届三中全会召开前，在中央有关部门的努力下，初步平反了包括“薄一波等61人叛徒集团”案等冤假错案。党的十一届三中全会后，从中央到地方，按照实事求是、有错必纠的原则，大规模平反冤假错案工作有序展开。

在平反冤假错案，落实干部政策过程中，中共中央先后下发了《关于全部摘掉右派分子帽子的通知》《关于对被定为右倾机会主义分子的平反、改正问题的通知》《关于清理历史遗留问题中涉及到有关中央文件的处理办法的通知》《关于为“杨、余、傅事件”公开平反的通知》《关于为所谓“华北山头主义”平反的通知》《关于认真传达好为刘少奇同志平反的决议的通知》等一大批重要文件；转发和批转了中央组织部《关于“六十一人案

① 《关于建国以来党的若干历史问题的决议》(注释本)，人民出版社1985年版，第494页。

件”的调查报告》、四川省委《关于落实政策工作中应注意的几个问题的通知》、上海市委《关于解决所谓“一月革命”问题的请示报告》、中央组织部《关于为小说〈刘志丹〉平反的报告》、最高人民法院党组《关于抓紧复查纠正冤、假、错案认真落实党的政策的请示报告》、中央组织部《关于善始善终地完成复查纠正冤假错案工作几个问题的请示报告》等一系列文件。

在这些文件及批语中，中央按照实事求是的原则，确定了一系列重大政策原则，比如，“两个不管”，即：凡是不实之词，凡是不正确的结论和处理，不管是什么时候、什么情况下搞的，不管是哪一级组织、什么人定的、批的，都要实事求是地改正过来；全错全平，部分错部分平，不错不平；既要解决问题，又要稳定局势；对政治历史问题粗一点，不纠缠细微末节，不留“尾巴”；对抄没财物、扣发工资等经济补偿问题，由于数量过大，中央确定“着重从政治上解决问题，经济上适当补助”；首长负责，亲自动手，全党办案等。

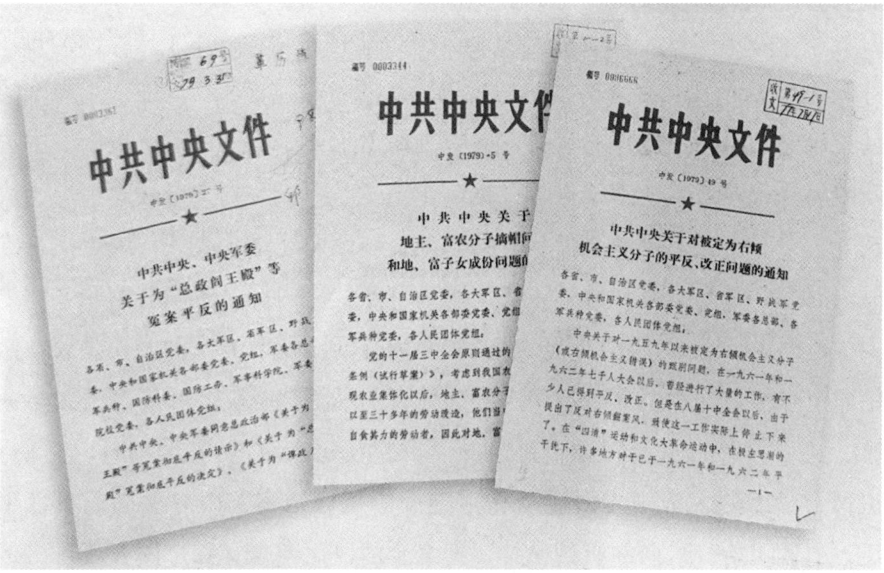

党的十一届三中全会后，党中央加快平反冤假错案的步伐，陆续为一批受迫害的党政军领导干部平反昭雪。图为中共中央为“文化大革命”期间和党的历史上的冤假错案平反以及为地主、富农分子摘帽的部分文件。

在平反冤假错案工作中，影响最大的是1980年2月党的十一届五中全会通过的《关于为刘少奇同志平反的决议》(以下简称《决议》)。《决议》彻底推翻强加给刘少奇的种种罪名，恢复了刘少奇作为伟大的马克思主义者和无产阶级革命家、党和国家主要领导人之一的名誉。全会认为，前中共中央副主席、中华人民共和国主席、伟大的马克思主义者和无产阶级革命家刘少奇同志，几十年来一贯忠于党和人民，把毕生精力献给了无产阶级革命事业，在我国新民主主义革命、社会主义革命和社会主义建设中，建立了不可磨灭的功绩。“文化大革命”前夕，由于对党内和国内形势作了违反实际的估计，提出了党内存在一条反革命修正主义路线，随后又提出了存在一个以刘少奇同志为首的所谓资产阶级司令部，这些论断是完全错误和不能成立的。林彪、“四人帮”一伙出于篡夺党和国家最高领导权、颠覆无产阶级专政的反革命目的，利用这种情况，捏造材料，蓄意对刘少奇同志进行政治陷害和人身迫害，并把一大批党政军领导干部诬为刘少奇的代理人，统统打倒，造成了极其严重的后果。这是我党历史上最大的冤案，必须彻底平反。近一年来，中央纪律检查委员会针对1986年10月党的八届十二中全会提出的刘少奇同志的各项“罪状”，进行了周密的调查研究工作，反复核对材料，向中央作出了详尽确切的审查报告。中央政治局一致同意这个审查报告，据以作出了《关于为刘少奇同志平反的决议(草案)》。全会经过严肃认真的讨论，一致通过这个决议，决定撤销党的八届十二中全会强加给刘少奇同志的“叛徒、内奸、工贼”的罪名和把刘少奇同志“永远开除出党，撤销其党内外的一切职务”的错误决议，撤销原审查报告，恢复刘少奇同志作为伟大的马克思主义者和无产阶级革命家、党和国家的主要领导人之一的名誉；在适当时间为刘少奇同志举行追悼会；因刘少奇同志问题受株连造成的冤假错案，由有关部门予以平反；本着团结一致向前看的精神，把全会的决议向全党和全国人民进行传达，消除过去对刘少奇同志的错误处理所造成的影响，鼓舞全党同志和全国人民同心同德、充满信心地献身于实现四个现代化的宏伟事业。[1]这表明中国共产党是一个实事求是、有错必纠、严肃认真、光明磊落的马克思主义政党。党和人民也深刻认识到加强民主集中制、加强民主法制建设的重要性。

在党的十一届三中全会精神的指导下，经过全党努力，到1982年底，基本完成了“文化大革命”中冤假错案的平反任务。全国共复查平反“文化大革命”中被立案“审查”的干部230万人，集团性的冤假错案近2万件。全国纠正了300多万名干部的冤假错案，47万多名共产党员恢复了党籍，他们心情舒畅重新走上工作岗位。在平反冤假错案过程中，经过激烈论争，突破了“左”的思想桎梏和“两个凡是”的禁区，推动了全党平反冤假错案工作的全面展开。平反冤假错案，也使执政的中国共产党通过认真纠正所犯的错误，进一步赢得了全国人民的信任。

1980年5月17日，刘少奇同志追悼大会在北京人民大会堂举行。

① 中共中央文献研究室编：《三中全会以来重要文献选编》（上），中央文献出版社2011年版，第381—382页。

在处理党内历史遗留问题的同时，党积极调整社会各方面关系，开展了大量工作。各地对 1957 年在反右派斗争扩大化中错划的“右派分子”进行了甄别改正，还宣布原工商业者已改造成劳动者，把原为劳动者的小商小贩、手工业者从原资产阶级工商业者中区别出来，为已改造成为劳动者的绝大多数地主、富农分子改订了成分。党中央高度重视落实知识分子政策，要求尽可能改善科技人员待遇，同时还纠正了统战中“左”的做法。“文化大革命”中停止活动的各民主党派和工商联重新开展工作。

平反冤假错案和调整社会关系，正确处理党内和人民内部矛盾，大大调动了全社会各阶层人民的积极性，对促进社会安定、人民团结，对巩固和发展爱国统一战线，从而推动改革开放和社会主义现代化建设事业发展，起到了十分重要的作用。从某种程度上说，也为党的十二大顺利召开提供了相对稳定的社会环境和健康的社会情绪。

四、加强民主法制建设

党的十一届三中全会指出，实现四个现代化，要求大幅度提高生产力，也就必然要求多方面地改变同生产力发展不适应的生产关系和上层建筑。从这时起，党中央认真总结经验，在民主法制建设上有了显著进展。

关于法制建设，董必武实际上早在 1956 年就提出了实行法治。1956 年他在党的八大上，作为中央政法小组组长首次提出“有法可依，有法必依”的口号，并发表了法治是人类文明的一种表现的讲话。1978 年 12 月 13 日，邓小平在中央工作会议上也提出社会主义法制建设方针。在解放思想的潮流下，1979 年 1 月，《人民日报》的编辑王礼明在自己编辑的法制版，发表了一篇《人治与法治》的文章，这被看作粉碎“四人帮”后最早提出法治的文章。1979 年国庆，法学界为纪念新中国成立 30 周年召开了一次解放思想、突破理论禁区的研讨会，在这次研讨会上，未来中国是实行法治还是人治作为一个议题提了出来。

党的十一届三中全会提出，为了保障人民民主，必须加强社会主义法制，从现在起，应当把立法工作摆到全国人大及其常委会的重要议程上来。

按照全会要求，1979 年 2 月 17 日至 23 日举行的五届全国人大常委会第六次会议，采取了一项重大的组织措施，就是决定设立法制委员会，协助常委会加强法制工作。法制委员会由 80 人组成，彭真为主任，是具有代表性和权威性的立法工作机构，规模之大、规格之高前所未有。[①] 法制委员会从 3 月份开始工作，主要是制定法律。

1979 年 7 月，五届全国人大二次会议审议通过地方各级人民代表大会和地方各级人民政府组织法、全国人民代表大会和地方各级人民代表大会选举法、刑法、刑事诉讼法、人民法院组织法、人民检察院组织法、中外合资经营企业法 7 部重要法律。这就是有名的 3 个月制定 7 部法律。据杨景宇回忆，选举法、地方组织法、法院组织法、检察院组织法这 4 部法律都是以 1954 年人民代表大会制度正式建立时制定的原有法律为基础，总结 20 多年来正反两方面的经验，根据党的十一届三中全会精神，着眼恢复受到“文化大革命”严重破坏的人民代表大会制度并适应新形势、新要求对其加以完善，而重新修订的。刑法和刑事诉讼法的起草工作原来就有一定的基础。刑法草案 1957 年就有了第 22 稿，并曾提交一届全国人大第四次会议征求意见并授权全国人大常委会审议修改；1963 年又有了第 33 稿，曾经中央书记处、政治局常委和毛主席原则审阅过。这次提出的刑法草案就是以第 33 稿为基础，总结实践经验，特别是“文化大革命”的教训，根据新情况、新问题而拟订的。与刑法相配套的刑事诉讼法草案也是在“文化大革命”前多次修改稿的基础上拟订的。[②] 7 部法律的出台，可以说迈出了新时期社会主义法制具有奠基意义的关键一步。显然，是因为有比较厚实的基础，才有了法律制定的快速度，当然，也展示了中国共产党加强社会主义法制建设的迫切愿望。邓小平高度评价说，由此“全国人民都看到了严格实行社会主义法制的希望。这不是一件小事啊”。

在推进民主法制建设过程中，党中央对改革党和国家领导制度采取了一系列举措，1980 年 2 月召开了党的十一届五中全会，会议主题是坚持党

① 杨景宇：《回顾彭真与 1982 年宪法的诞生》，《党的文献》2015 年第 5 期。

② 《亲历者解密“文革”后法制开局：三个多月制定七部法律》，《新京报》2018 年 12 月 3 日。

的领导，改善党的领导，提高党的战斗力。全会经过充分的讨论，决定增加中央政治局常委的人数，并且选举胡耀邦等为中央政治局常委。全会经过充分的讨论，决定恢复党的第八次全国代表大会所决定并在十年间证明是必要和有效的制度，设立中央书记处作为中央政治局和它的常务委员会领导下的经常工作机构，并且选举胡耀邦为中央委员会总书记，选举（以姓氏笔画为序）万里、王任重、方毅、谷牧、宋任穷、余秋里、杨得志、胡乔木、胡耀邦、姚依林、彭冲11位同志为中央书记处书记。会议期间，叶剑英、陈云、李先念先后就建立书记处等问题讲话。邓小平作题为《坚持党的路线，改进工作方法》的讲话，着重强调了关于坚持党的政治路线、思想路线和组织路线问题。全会批准了汪东兴、纪登奎、吴德、陈锡联的辞职请求，免除或提请免除他们所担负的党和国家的领导职务。早在1979年10月召开的各省、市、自治区党委第一书记座谈会上，陈云就建议设立中央书记处。他从国家大局出发说："我有个具体的建议，就是成立书记处，调两个比较接触实际工作的同志上来，把财经工作好好搞一下。这是我们国家的大计。靠我是没有饭吃的。""现在，如果成立新的书记处，比从前的书记处工作多就是了。如果组织上不采取这样的步骤，我们的工作就搞不动。华国锋同志太忙了，叶帅年纪大了，小平同志虽然身体好，究竟是七十六岁了，不能持久。我这是为了党的利益。"① 全会决定向全国人大建议修改宪法第四十五条，取消公民"有运用大鸣、大放、大辩论、大字报的权利"的规定。中央政治局常务委员会委员的增选，中央书记处的建立，是党的重要决策，它表明我国的社会主义事业生机蓬勃，人才辈出。党中央领导机构的加强，将对全国的安定团结、生动活泼的政治局面的发展巩固，对社会主义现代化建设的顺利进行，起积极的促进作用。

政治体制是实现社会根本政治制度的具体组织形式及其运行机制的总和。我国原有的政治体制，是一定历史条件下的产物，曾经发挥重要的历史作用。但是随着历史条件的变化，它与改革开放和社会主义现代化建设的

---

① 中共中央文献研究室编:《陈云传》(下)，中央文献出版社2005年版，第1587页。

不适应性日益暴露出来。1980 年 8 月，中央政治局召开扩大会议。邓小平代表党中央在会上作了《党和国家领导制度的改革》的重要讲话，强调了政治体制改革的重要性、必要性，明确了政治体制改革的思路，为党和国家领导制度的改革明确了基本的指导思想。邓小平在讲话中鲜明指出了我国政治体制存在的弊端，"从党和国家的领导制度、干部制度方面来说，主要的弊端就是官僚主义现象，权力过分集中的现象，家长制现象，干部领导职务终身制现象和形形色色的特权现象"①。"权力过分集中，妨碍社会主义民主制度和党的民主集中制的实行，妨碍社会主义建设的发展，妨碍集体智慧的发挥，容易造成个人专断，破坏集体领导"②。邓小平还说："斯大林严重破坏社会主义法制，毛泽东同志就说过，这样的事件在英、法、美这样的西方国家不可能发生。他虽然认识到这一点，但是由于没有在实际上解决领导制度问题以及其他一些原因，仍然导致了'文化大革命'的十年浩劫。这个教训是极其深刻的。"③ 这一篇重要讲话已经成为政治体制改革的纲领性文献，至今都有重要的理论价值和现实意义。1982 年 1 月，邓小平在中央政治局会议上提出精简机构是一场革命，最关键的问题是选拔比较年轻的、德才兼备的干部进领导班子。经过改革，党中央直属单位的局级机构减少 11%，工作人员编制减少 17.3%。2 月，党中央作出《关于建立老干部退休制度的决定》，废除干部领导职务实际上存在的终身制。一批老干部响应号召，主动要求离开领导岗位，离休、退休或退居二线，一批经过考验的中青年干部走上领导岗位。当时，我们推进政治体制改革也是为了适应大规模建设社会主义现代化的需要，同时也是为了确保国家的长治久安。

五、拨乱反正任务的完成

"文化大革命"结束后，人们开始普遍反思。反思带来思想解放，真理标准大讨论应运而生，这虽为召开党的十一届三中全会提供了思想空间，

① 《邓小平文选》第 2 卷，人民出版社 1994 年版，第 327 页。
② 《邓小平文选》第 2 卷，人民出版社 1994 年版，第 321 页。
③ 《邓小平文选》第 2 卷，人民出版社 1994 年版，第 333 页。

但一些理论问题并没有根本解决。党的十一届三中全会召开之前，叶剑英建议像召开国务院务虚会一样开一次中央理论工作务虚会，摆开来讲讲理论问题，达到减少分歧、统一思想的目的。但这个会议在党的十一届三中全会召开后才得以召开。在中央理论工作务虚会上，与会代表讨论了无产阶级专政下继续革命的理论问题、正确对待毛泽东和毛泽东思想的问题、社会主义是否划分阶段的问题、阶级斗争的问题等。大家敞开心扉，深入交流，观点碰撞。此时，“西单墙”的事情得以发酵。有的人对党的十一届三中全会以来的路线方针政策表现出某种程度的不理解甚至抵触情绪。极少数人对“解放思想”加以曲解，极端夸大党所犯的错误，企图否定党的领导，否定社会主义制度，否定毛泽东和毛泽东思想。这些问题说到底是在重大问题上有分歧，在中国道路的选择上有不同意见，因而引起中央高度重视。

针对这些思想领域存在的问题，1979 年 3 月，邓小平在党的理论工作务虚会上发表《坚持四项基本原则》的讲话。他在讲话中强调，必须在思想上政治上坚持社会主义道路，坚持无产阶级专政（后表述为人民民主专政），坚持共产党的领导，坚持马列主义、毛泽东思想这四项基本原则。这是“实现四个现代化的根本前提”①，“如果动摇了这四项基本原则中的任何一项，那就动摇了整个社会主义事业，整个现代化建设事业”②。他在讲话中还提出走出一条中国式的现代化道路的新观点。这次讲话为改革开放划定了底线，是底线思维的杰作，也为改革开放保驾护航。邓小平对理论工作务虚会的评价平实而又准确。当然，理论工作是一项艰巨的思想工作，是随着社会实践的变化而变化的。放到历史长河里看，这次会议也就是一朵浪花，但这一浪花至今还影响着中国思想理论界。这次会议后，绝大多数思想理论工作者开始围绕改革开放和社会主义现代化建设进行研究思考和写作。

1979 年 9 月 30 日，中央党校内部刊物《理论动态》发表题为《要真正弄清社会主义生产的目的》的文章。文章阐明在社会主义制度下，生产

---

① 《邓小平文选》，第 2 卷，人民出版社 1994 年版，第 164 页。
② 《邓小平文选》，第 2 卷，人民出版社 1994 年版，第 173 页。

是为了满足广大劳动者的需要，从而也是为了满足整个社会经常增长的物质和文化的需要。文章指出，我国多年经济建设的实践中，为生产而生产的倾向是相当严重的，这是我国经济工作中许多问题长期不得解决的症结所在。10 月 20 日，《人民日报》将此文作为特约评论员文章在头版位置发表。后来《光明日报》全文转载。10 月 22 日，《人民日报》又发表著名经济学家于光远《谈谈“社会主义经济目标理论”问题》一文。该文指出，研究这个问题是为了进一步明确我国社会主义生产目的，我们全部经济活动的最终目的究竟是什么，进一步明确从什么出发来计划和安排整个社会生产，应该以什么做标准来衡量整个国民经济的成绩。这些文章的发表，引起了社会上的讨论，全国各地的经济学者和经济工作者召开座谈会、研讨会。但也有人对此不理解，还进行压制攻击，甚至还闹到了邓小平同志那里[①]。社会主义生产目的的讨论，是实现全党工作重点转移的必然要求。这一讨论，抓住了经济建设指导思想的一个要害问题，使得大家对全党工作中心转移有了更为深刻的理解。类似的讨论，当时还有，比如，1979 年 4 月前后关于价值规律问题的讨论，再后来对“左”的思想进行的反思、对社会主义建设分不分阶段的讨论也逐渐形成规模。

实行改革开放，建设社会主义现代化，还必须对新中国成立以来的重大历史问题作出结论，以统一全党和全国人民的思想。叶剑英代表中央在庆祝新中国成立 30 周年大会上的讲话，对新中国成立以来的历史经验进行了初步总结，引起巨大的社会反响。1979 年 11 月，在邓小平亲自主持下，成立了起草《关于建国以来党的若干历史问题的决议》的小组，胡耀邦、胡乔木具体执行。邓小平高度重视历史决议起草，先后十多次召集会议研究写作，并发表了多次重要指示。他确立了历史决议起草的总指导思想：一是确立毛泽东同志的历史地位，坚持和发展毛泽东思想，这是最核心的一条。二是对建国 30 年来历史上的大事，哪些是正确的，哪些是错误的，要进行实事求是的分析，包括一些负责同志的功过是非，要作出公正

① 沈宝祥主编：《胡耀邦在中央党校》，中共中央党校出版社 2022 年版，第 115 页。

的评价。三是对过去的事情作个基本的总结，这个总结宜粗不宜细，总结过去是为了引导大家团结一致向前看。对毛泽东的功过评价，要实事求是、恰如其分。毛泽东思想这个旗帜丢不得，丢掉了这个旗帜，实际上就否定了我们党的光辉历史。

在一年多的起草工作中，还广泛征求了意见，4000名高级干部也进行了讨论。1981年6月27日至29日，党的十一届六中全会在北京举行，通过了《关于建国以来党的若干历史问题的决议》(以下简称《决议》)。在6月29日的闭幕会上，邓小平最后讲话说："我确信，我们这次全会解决的两个问题，解决得非常好。第一个，就是关于建国以来党的若干历史问题的决议，真正是达到了我们原来的要求。这对我们统一党内的思想，有很重要的作用。当然，胡耀邦同志说，统一思想还要一年的工作。但是，今后作为一个共产党员来说，要在这个统一的口径下来讲话。思想不通，组织服从。相信这个决议能够经得住历史考验。"①

1981年6月27日至29日，党的十一届六中全会在北京举行，会议一致通过《关于建国以来党的若干历史问题的决议》。

① 《邓小平文选》第2卷，人民出版社1994年版，第383页。

该《决议》运用马克思主义理论，对新中国成立32年来党的重大历史事件特别是“文化大革命”作出了正确的总结，科学地分析了在这些事件中党的指导思想的正确和错误，分析了产生错误的主观因素和社会原因，实事求是地评价了毛泽东同志在中国革命史上的历史地位，充分论述了毛泽东思想作为我们党的指导思想的伟大意义。《决议》肯定了党的十一届三中全会以来逐步确立的适合中国国情的建设社会主义现代化强国的正确道路，进一步指明了中国社会主义事业和党的工作继续前进的方向。《决议》正确解决了既科学评价毛泽东的历史地位和毛泽东思想的科学体系，又根据新的实际和发展要求实行改革开放、确立中国社会主义现代化建设正确道路这两个相互联系的重大历史课题，充分体现了党中央的远见卓识

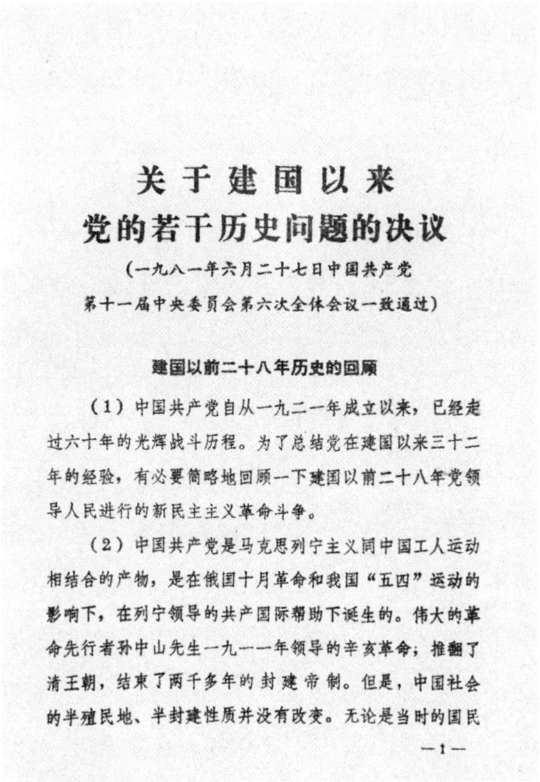

关于建国以来

党的若干历史问题的决议

（一九八一年六月二十七日中国共产党

第十一届中央委员会第六次全体会议一致通过）

建国以前二十八年历史的回顾

（1）中国共产党自从一九二一年成立以来，已经走过六十年的光辉战斗历程。为了总结党在建国以来三十二年的经验，有必要简略地回顾一下建国以前二十八年党领导人民进行的新民主主义革命斗争。

（2）中国共产党是马克思列宁主义同中国工人运动相结合的产物，是在俄国十月革命和我国“五四”运动的影响下，在列宁领导的共产国际帮助下诞生的。伟大的革命先行者孙中山先生一九一一年领导的辛亥革命，推翻了清王朝，结束了两千多年的封建帝制。但是，中国社会的半殖民地、半封建性质并没有改变。无论是当时的国民

—1—

党的十一届六中全会通过的《关于建国以来党的若干历史问题的决议》

和政治上的成熟。《决议》的通过和发表，对于统一全党、全军和全国各族人民的思想认识，同心同德地为实现新的历史任务而奋斗，必将产生伟大的深远的影响。《决议》的通过，标志着党在指导思想上的拨乱反正胜利完成。[①]

全会改选和增选了中央主要领导成员；一致同意华国锋辞去党中央主席和中央军事委员会主席职务的请求，以无记名投票的方式，选举胡耀邦为中央委员会主席，赵紫阳、华国锋为中央委员会副主席，邓小平为中央军事委员会主席，胡耀邦、叶剑英、邓小平、赵紫阳、李先念、陈云、华国锋为中央政治局常务委员会委员，习仲勋为中央书记处书记。

这个阶段的教育、体育等社会文化事业明显进步。教育方面，不仅恢复和提高了中小学教师队伍，还在中小学加强了德育教育，小学生守则、中学生守则制定执行。高等教育方面，除恢复高考外，1980 年公布了《中华人民共和国学位条例》。1981 年，国务院学位委员会讨论通过了首批博士、硕士授予单位及其学科专业名单。体育事业繁荣发展。1981 年 11 月 16 日，在日本大阪，中国女排经过五局苦战，在第三届排球世界杯的决赛中击败日本女排，获得冠军。比赛结束之后的第二天，时任全国妇联主席邓颖超在《体育报》上发表了题为《各行各业都来学习女排精神》的文章："各行各业的人民群众都要学习中国女排精神，树立远大的志向，发扬脚踏实地、苦干实干的作风，把自己的工作做好，更快地将我们的社会主义事业推向前进！"当时正主管女排的魏纪中在他的回忆录《我的体育生涯》中写道："在那个年代，再没有比女排酣畅淋漓的扣球更能让中国人感到扬眉吐气的事了。"女排精神由此成为一个时代的记忆。这个时期，人口政策也有调整。1980 年 9 月 25 日，中共中央发出《关于控制我国人口增长问题致全体共产党员、共青团员的公开信》，提倡一对夫妇只生育一个孩子。1982 年党的十二大把实行计划生育确立为我国的一项基本国策。同时，我国坚持"保护为主，抢救第一，合理利用，加强管

① 本书编写组:《中国共产党简史》，人民出版社 2021 年版，第 230 页。

理”的文物工作方针，建立国家保护为主，动员全社会参与的文物保护体制,《文物保护法》于1982年颁布。同期科学技术、医疗卫生等都有较大发展。

精神文明建设得到重视。1979年9月，叶剑英在庆祝中华人民共和国成立30周年大会上的讲话中正式提出“建设社会主义精神文明”，并将其作为社会主义现代化的重要目标和必要条件。10月，邓小平在代表党中央、国务院发表的《在中国文学艺术工作者第四次代表大会上的祝词》中指出:“我们要在建设高度物质文明的同时，提高全民族的科学文化水平，发展高尚的丰富多彩的文化生活，建设高度的社会主义精神文明。”①1981年6月通过的党的第二个历史决议，把社会主义必须具备高度的精神文明作为适合中国国情的社会主义现代化建设道路的十个要点之一。邓小平在1982年4月中央政治局会议上的讲话中也把社会主义精神文明建设作为社会主义道路的重要保证。1981年开展的“五讲四美”活动、1982年开展的“文明礼貌月”活动，全民参与的学雷锋、树新风活动等，成为精神文明建设的风景线。同时，电影、小说、诗歌、歌曲等都有了较大发展，“反思”“改革”和“寻根”类的文学与电影交互辉映，涌现大批反映现实、尊重生活的优秀作品。②

六、努力营造良好国际环境

从“文化大革命”结束到党的十二大召开前，中美关系正常化、中苏关系缓和，中国外交工作取得重大进展，为国家经济社会发展、召开党的十二大营造出良好的国际环境。

中美正式建交，两国关系进入快速发展阶段。1978年12月16日，中美发表《中美建交联合公报》，确定中美于1979年1月1日正式建交。1979年1月28日至2月5日邓小平应邀访美。在美访问期间，邓小平与美国

---

① 《邓小平文选》第2卷，人民出版社1994年版，第208页。

② 欧阳雪梅:《改革开放40年中国文化建设的成就》,《国家行政学院学报》2018年第6期。

各界人士进行了各种会谈，会见了数以百计的议员、市长、州长以及企业界和文化界人士。美国的三大主流电视网每天的黄金时间变成了“邓小平时间”，世界论坛报称“邓小平是世界和平的杠杆”[①]。邓小平在1月29日的欢迎仪式上讲道：“中美关系正处在一个新的起点，世界形势也在经历着新的转折。中美两国是伟大的国家，中美两国人民是伟大的人民。两国人民的友好合作，必将对世界形势的发展产生积极的深远的影响。”[②]同年10月，全国政协副主席荣毅仁访美。1980年国务院副总理耿飚、薄一波先后访美，中美达成了军事、民航、海运等方面的协定。中美关系正常化后各方面取得长足进展。但美国在中国台湾问题上的错误做法，尤其是美国国会悍然通过《与台湾关系法》，成为两国关系的严重障碍。后来经过双方反复磋商，于1982年8月15日达成协议，8月17日发表《中华人民共和国和美利坚合众国联合公报》。在“八一七公报”中，美国承诺：一是它向台湾出售的武器在性能和数量上将不超过中美建交后近几年供应的水平；二是它准备逐步减少它对台湾的武器出售；三是经过一段时间使这个问题得到最后解决。中美关系起起伏伏，但进入密切交流期。邓小平后来曾说：“冷静地判断一下中美关系，关系正常化以后，我去华盛顿访问，那时是高点。那以后，从卡特后期通过了《与台湾关系法》开始降低，不仅是里根时期，卡特时期就已经开始下降了。有一段时期降得很低，面临破裂的危险。我们做了准备，准备破裂。因为我们的立足点放在不怕破裂上，所以取得了这一系列进展。我对美国人说，我们的关系现在开始回升，好起来了。我们希望恢复到关系正常化那个时候。但这不由我们决定，由美国决定。”[③]这就高度概括了中美建交以后两国关系的特点和发展的脉络。

---

① 柴泽民：《中美建交亲历记》，丁晨编：《亲历共和国70年：历史进程中的重大事件与决策》，人民出版社2019年版，第150页。

② 中共中央文献研究室编：《邓小平年谱（1975—1997）》（上），中央文献出版社2004年版，第476页。

③ 中共中央文献研究室编：《邓小平年谱（1975—1997）》（下），中央文献出版社2004年版，第936页。

中苏关系日趋缓和。党的十一届三中全会后，中国政府为实现中苏关系正常化，采取了许多实际步骤。经过共同努力，双方确定，从 1979 年 9 月下旬起，轮流在两国首都举行副外长级的中苏国家关系谈判。第一轮谈判于 1979 年 9 月 25 日至 11 月 30 日在莫斯科举行，因双方存在原则性分歧，谈判未有成果。此后，因苏军入侵阿富汗，中苏关系正常化谈判搁置下来。1982 年 3 月 24 日，苏联最高苏维埃主席团主席勃列日涅夫发表讲话透露出改善中苏关系的意图，讲话明确承认中国是社会主义国家，突出强调中国对台湾的主权，表示愿意改善对华关系。这在客观上为我调整对苏政策提供了契机。邓小平对此信号非常重视。按照邓小平的指示，3 月 26 日，中国外交部发言人钱其琛举行中外记者新闻发布会予以回应，语言极其简略，但却引起了国际上的广泛注意。1982 年七八月间，邓小平和李先念、陈云等召集外交部主要负责人开会，研究中苏关系问题。提出我们要采取一个大的行动，向苏联传递信息，争取中苏关系有一个大的改善，但必须是有原则的，条件是苏联要主动解决“三大障碍”，消除对中国安全的威胁。在谈到传递信息的方式时指出：可由外交部苏欧司司长以视察使馆工作名义前往莫斯科，并同时前往波兰华沙。①8 月 10 日，中国外交部苏欧司司长于洪亮启程前往莫斯科，向苏联副外长传递了中方建议双方共同努力改善中苏关系的信息。8 月 20 日，苏方作出正式答复，表示愿意在任何时间、任何地点、任何级别上同中方讨论苏中双边关系问题，以便消除关系正常化的障碍。随后，邓小平听取钱其琛和于洪亮的汇报，决定同意重开中苏谈判。在党的十二大开幕前，双方商定了政治磋商的时间。这预示着两国关系从对抗开始走向缓和。

这段时期，中国领导人访问了东欧及南斯拉夫，同西欧关系稳步发展。睦邻关系进展顺利，中朝友谊牢不可破，中日友好关系继续发展。中国和南亚、东南亚的关系也有积极进步。中非关系等也有了明显进展。

总的来说，20 世纪 70 年代末 80 年代初，中国政府准确把握时代特

---

① 中共中央文献研究室编：《邓小平年谱（1975—1997）》（下），中央文献出版社 2004 年版，第 835 页。

征，科学判断国际形势，确定了新时期的国际战略和外交路线，更注重从国家利益出发，进行独立自主的外交决策，中国外交创造了新局面，大国外交、周边外交等都有显著成就，为党的十二大召开创造了一个良好的国际环境。

第二章　为党的十二大提供坚强政治保证

改革开放给整个国家的经济社会生活带来巨变，也给中国共产党的肌体注入新的生机活力。同时，面对改革开放的新考验、商品经济的新诱惑，中国共产党所处的环境、肩负的任务以及党员队伍等，发生了重大变化。党内不正之风滋生，一些意志薄弱的党员干部陷入腐败泥潭，党面临着新的挑战和考验。以邓小平同志为主要代表的中国共产党人清醒地认识到改革开放过程中党面临的严峻形势，提出了一系列关于加强党风建设和反腐败斗争的重要思想，采取了一系列从严治党的有效举措，为党的十二大顺利召开提供了根本政治保证。

一、恢复和加强中央纪委

“文化大革命”期间，党的纪律检查机关被冲垮，工作人员如星散八方，工作根本无法正常开展。为适应动乱结束后及改革开放过程中各种利益关系调整和矛盾逐渐复杂多样化的形势，保持党的肌体健康，继续加强党的建设，中央决定恢复重建纪律检查委员会。

1978 年 12 月，党的十一届三中全会决定重新设立中央纪律检查委员会，在中央委员会领导下开展工作，由陈云担任第一书记。陈云早在革命年代就已是中央核心领导成员，在社会主义革命和建设时期又曾任政治局常委，德高望重，政治性极强。毛泽东评价他看问题很尖锐。由他来亲任中央纪委书记，可见党中央对中央纪委的高度重视。1979 年 1 月 4 日至 22 日，中共中央纪律检查委员会第一次全体会议在北京举行，着重研究维护党规党法和党风建设以及加强党的纪律教育和作风建设。陈云在会上指出，维护党规党法，整顿党风，有助于形成生动活泼的政治局面；这件事是我们全党最大的事情，只有这样做，安定团结、四个现代化才能实现。会议明确规定，党的纪律检查工作的基本任务是，维护党规党法，保护党员的权利，发挥党员的革命热情和工作积极性，同一切违反党纪、破坏党的优良传统的不良倾向作斗争，切实搞好党风。

中央纪律检查委员会成立后，1979 年 4 月 25 日，中央纪委和中央组织部联合发出《关于迅速建立健全各级纪律检查机构的意见》。各省、自治区、直辖市党委很快恢复了各自的纪律检查机构。7 月 9 日至 25 日，中央纪律检查委员会在北京召开全国纪律检查工作会议。会议听取了各省、自治区、直辖市关于纪律检查工作的汇报并交流经验，分析了党风、严肃党纪的基本情况，研究了进一步抓党风、严肃党纪，坚决而有步骤地加强党的建设的若干问题。会上，胡耀邦作的《关于搞好党风、严肃党纪的几点意见》对进一步加强党的建设提出了新要求："教育党员干部坚决执行和维护党中央所确定的新时期的路线、方针和一整套政策；认真坚决地同派性作斗争；把各级党的组织生活搞正常；努力克服一部分党员，尤其是某些领导干部严重脱离群众，腐败党的肌体的歪风邪气；恢复党内的优良传统；有步骤地改革党的干部制度。"① 这些情况反映出党的纪律检查工作逐步走上正轨，为加强党内监督和从严治党提供了保障。

1980 年 1 月 7 日至 25 日，十一届中央纪委二次全会召开，会议总结了一年来的工作，确定了 1980 年纪律检查工作的任务。一是把纪律检查工作的重点进一步转移到以保证党的十一届三中全会的路线、方针、政策的贯彻执行，保证实现四个现代化建设上来。围绕这个中心任务搞好党风，严肃党纪。二是协助各级党委监督、保证《关于党内政治生活的若干准则（草案）》和《关于高级干部生活待遇的若干规定》作为党规党法，在全党执行。三是继续加强纪律检查委员会的自身建设，选拔中青年优秀干部，进一步建立和健全党的纪律检查机构。1981 年 2 月 24 日至 3 月 4 日，

① 陈至立主编：《中国共产党建设史》，上海人民出版社 1991 年版，第 1018 页。

十一届中央纪委三次全会召开。会议强调，要把保证党的路线、方针、政策的贯彻执行作为各级纪检部门工作的重点，要把反对经济领域中的不正之风的斗争，作为一项重要任务。一年一度的中央纪委全会，就把年度工作重点明确下来，有利于纪委工作的持续实施。

二、制定和落实《关于党内政治生活的若干准则》

"文化大革命"使得党的组织、党员的党性观念、党的优良传统和作风，都遭到严重破坏。为使党内政治生活走上正轨，党中央着手考虑制定《关于党内政治生活的若干准则》，对党内政治生活加以规范，也以此作为党章的具体补充。1979 年 2 月 18 日，中央政治局原则通过《关于党内政治生活的若干准则（草案）》。3 月 19 日，中共中央向全党公布《关于党内政治生活的若干准则（草案）》，征求意见。在近一年的时间里，中央纪委吸收全国各级党组织提出的 1800 多条意见，对《关于党内政治生活的若干准则（草案）》作了 7 次修改。1980 年 2 月 29 日，党的十一届五中全会正式通过了《关于党内政治生活的若干准则》（以下简称《准则》）。《准则》的制定和公布，是党中央为加强党的建设、实施整党所采取的重大步骤，表明了中央一定要把党整顿好和建设好的决心和信心。

《准则》共包含十二条内容，包括坚持党的政治路线和思想路线；坚持集体领导，反对个人专断；维护党的集中统一，严格遵守党的纪律；坚持党性，根绝派性；要讲真话，言行一致；发扬党内民主，正确对待不同意见；保障党员的权利不受侵犯；选举要充分体现选举人的意志；同错误倾向和坏人坏事作斗争；正确对待犯错误的同志；接受党和群众的监督，不准搞特权；努力学习，做到又红又专。《准则》既重申了党在延安时期开始形成的好传统、好规矩，又总结了党的新鲜经验，尤其是吸取了"文化大革命"中践踏党内民主、破坏集体领导、搞个人专断和个人崇拜的沉痛教训，是新形势下指导和规范党的思想、政治、组织建设的重要文献，对从严治党影响深远。

人民日报
RENMIN RIBAO

关于党内政治生活的若干准则

（中国共产党第十一届中央委员会第五次全体会议通过）

一、坚持党的政治路线和思想路线

二、坚持集体领导，反对个人专断

三、维护党的集中统一，严格遵守党的纪律

四、坚持党性，根绝派性

五、要讲真话，言行一致

中共十一届五中全会通过的《关于党内政治生活的若干准则》

《准则》把党章的有关规定和民主集中制的原则具体化，使党的规章制度更加完备，更加适合新形势新任务的需要。这是中国共产党在改革开放新形势下，在制度上从严管党治党的重大举措，体现了党中央以制度管党治党的方针和思路，发挥了长远作用。2014 年 1 月 12 日，习近平在给刘云山、王岐山的批示中就指出："1980 年制定的《关于党内政治生活的若干准则》，对于当时恢复和健全党内民主、维护党的集中统一、严肃党的纪律、促进党的团结，实现政治上、思想上、组织上、作风上的拨乱反正，实现全党工作中心的转移，发挥了重要历史作用。当前，《准则》对我们严肃和规范党内政治生活、弘扬党的优良传统和作风仍具有重要现实指导意义。”①

这个阶段，党中央除了出台《关于党内政治生活的若干准则》，还做了其他大量且重要的工作。1980 年 2 月 23 日至 29 日，党的十一届五中全会召开，全会不仅讨论通过了《关于党内政治生活的若干准则》，还通过了《中国共产党章程（草案）》，明确提出废止干部职务实际上存在的终身制。同时，会议还决定彻底为刘少奇平反，恢复名誉。11 月 14 日至 29 日，中央纪委召开了第三次贯彻《关于党内政治生活的若干准则》座谈会，会议要求以公布《准则》为界，过去从宽，今后从严。对明知故犯、屡教不改、执法犯法、抗拒检查、顶着不办和搞打击报复的，一律从严处理。这对于深化落实《准则》，加强党建有一定促进作用。

三、加强党风建设

粉碎“四人帮”后，尤其是党的十一届三中全会后，中国共产党除了在思想建设和组织建设上做了一系列卓有成效的工作外，同时也十分重视党的作风建设。党中央领导同志在党风建设方面发表了多次重要讲话，中央和有关部门也颁发了许多有关党风建设的重要文件，强调认真抓好执政党党风建设的重要性。

1979 年 11 月 2 日，邓小平在中央党、政、军机关副部长以上干部会上集中谈了党的作风建设问题，作了题为《高级干部要带头发扬党的优良传统》的报告。他指出：“最近一个时期，人民群众当中主要议论之一，就是反对干部特殊化。要讲特殊化，恐怕首先表现在高级干部身上。当然，我不是说所有的高级干部都是这样。”②“干部搞特殊化必然脱离群众。我们的同志如果对个人的、家庭的利益关心得太多了，就没有多大的心思和精

---

① 习近平：《关于〈关于新形势下党内政治生活的若干准则〉和〈中国共产党党内监督条例〉的说明》，《人民日报》2016 年 11 月 3 日。

② 《邓小平文选》第 2 卷，人民出版社 1994 年版，第 216 页。

力去关心群众了，顶多只能在形式上搞一些不能不办的事情。现在有少数人就是做官当老爷，有些事情实在不像话！脱离群众，脱离干部，上行下效，把社会风气也带坏了。”① 邓小平提出，为了整顿党风，搞好民风，先要从党的高级干部整起。同月13日，中共中央、国务院联合发出《关于高级干部生活待遇的若干规定》，就高级干部的宿舍、房租、生活用具、交通工具、服务人员、外出休养、文化娱乐、食品供应等方面作了详细而具体的规定，要求各有关部门必须严格执行，高级干部应当自觉遵守。

陈云也就党风问题发表重要讲话。他在1980年11月中央纪委召开的第三次贯彻《关于党内政治生活的若干准则》座谈会的讲话中就指出：“执政党的党风问题是有关党的生死存亡的问题。因此，党风问题必须抓紧搞，永远搞。”② 胡耀邦在座谈会上也指出“党风好不好，是党能不能站得住、发展和存在的问题”③。他还从党的历史、执政党的地位和党的现状论述了执政党党风建设的重要性，并提出要继续在全党进行党性、党规、党法教育以及与不正之风展开坚决斗争等措施。1981年1月8日，中共中央在批转中央纪委关于贯彻执行《关于党内政治生活的若干准则》座谈会纪要的批语中指出：作为当时全党一项重要任务的纠正不正之风，应以邓小平1980年8月在中央政治局扩大会议上的讲话、12月在中央工作会议上的讲话和陈云在此次纪委会议期间提出的重要意见，作为搞好党风的基本指导思想④。

1981年2月24日至3月4日，中央纪委召开全体会议。邓颖超在会上作了《坚定不移地搞好党风》的讲话。她指出，纠正不正之风、反对官僚主义要从每一个领导干部、每一个党员自身做起，绝不能只是空喊。在她看来，“压、推、拖、了”这四个字是官僚主义最普遍也是最严重的表现，她要求“每一个单位，各级党委，党内外的每一个工作人员，都要认

---

① 《邓小平文选》第2卷，人民出版社1994年版，第218页。

② 《陈云文选》第3卷，人民出版社1995年版，第273页。

③ 中共中央文献研究室编：《三中全会以来重要文献选编》（上），中央文献出版社2011年版，第500页。

④ 陈至立主编：《中国共产党建设史》，上海人民出版社1991年版，第1049页。

真做好自己的本职工作，提高工作质量，讲究工作效率”①。11月，胡耀邦在第五次全国“两案”（林彪、江青反革命集团案）审查工作座谈会上指出：我们党的主要问题是党的队伍缺乏战斗力，表现在思想、作风、组织这三方面不纯。在他看来，搞好党风要有艰苦奋斗的精神，要学会调查研究，善于走群众路线，要敢讲敢做。

为落实党的领导人有关讲话精神，加强作风建设，1981年7月15日，国务院发出《关于制止商品流通中不正之风的通知》。7月20日，中央纪委发出《关于严肃党纪，杜绝“关系户”不正之风的通告》。7月24日，中央纪委发出《关于坚决纠正干部队伍中行贿受贿徇私舞弊的歪风的通报》，要求所有党员干部要加强自我教育和自我改造，不得为了追求个人私利，做有损于党和人民利益的事。8月26日，中央纪委发出《关于刹住部分党员干部利用职权非法盖私房之风的通报》。这一系列通知、通告、通报，对于改进党的作风建设发挥了重要作用。

这个阶段，特别注意加强干部子女教育。1979年8月24日，中央纪委发出《关于“两熊”流氓集团犯罪问题的通报》，揭露了流氓集团的罪行，指出这些高干子弟的罪行不仅破坏了社会治安，而且损害了党的威信，损害了党群关系，招致群众的义愤。这绝不是小事，而是关系党风党纪的大事，干部及其家属必须认真对待。1982年4月10日，中央纪委发出《抓紧对子女的教育是革命干部的责任》的通报。通报指出，有极少数高干子弟，违法乱纪，如不作严肃处理，就直接损害党与群众的关系，损害党的威信。为引起全党的重视，中央纪委要求：（1）各级领导干部，特别是高级干部，必须把教育子女作为自己义不容辞的责任。忽视或放松这一工作，是对党的事业不负责任的态度，是党性不纯的表现。（2）干部子女犯罪，应由其本人负责，家长只有协助组织处理之责，绝不许袒护包庇。（3）不论谁的子女，只要查实其犯罪活动，就必须依法处理。（4）要把对子女的教育问题作为党的生活会的内容之一。这一通报和要求，对于加强家风

① 中共中央文献研究室编：《三中全会以来重要文献选编》（下），中央文献出版社2011年版，第60页。

建设继而加强党风建设都具有重要意义。

这个阶段，在加强党的作风建设中我们积累了有益经验。主要有：第一，开展党性党风党纪实验区活动。基本做法是，由中央纪委和各实验区干部组成工作组，深入基层，调查党的组织状况、党风状况、党员状况和社会状况，然后综合分析，提出实现党风、社会风气根本好转的措施，进行实验。这为切实转变党的作风摸索了一些途径和方法，提供了一些经验。第二，抓典型案件，促进党风建设。1980年10月14日，中央纪委发出《关于坚决反对违反〈准则〉的不正之风的通报》，对种种“吃喝风”“关系户”之风提出了严厉的批评，要求严肃处理，坚决纠正党内歪风邪气，该退赔的退赔，该检查的检查，该处分的要处分[①]。第三，开展新时期共产党员形象的讨论。第四，举办党性党风党纪教育展览。

随着改革开放的不断深入发展，党风建设领域出现的新情况越来越多。改革开放的伟大实践必然要求党持续加强作风建设，必须聚焦于研究新情况和解决新问题，绝不能停止前进的步伐。

四、注重选拔优秀年轻干部

“文化大革命”结束后，盘点党的干部队伍，不难发现存在着很多问题，尤其是干部老化问题突出，青黄不接现象十分严重。党的十一届三中全会确立了以经济建设为中心的政治路线，必须有赖于组织路线保证。但就在急需选拔年轻干部之时，还有一些老框框约束。比如片面强调干部的资历，忽视干部的才能，搞论资排辈；只重视工农干部，轻视知识分子干部；只注重出身成分和历史表现，轻视现实表现和发展前途；对德才标准缺乏正确理解，片面强调干部的德，轻视干部的才；不适当地强调干部的全面领导经验，忽视干部的专业知识。从党的事业后继有人的高度，邓小平、陈云等人多次讲话呼吁培养选拔年轻干部的工作。

邓小平认为“解决干部年轻化这样一个大问题，我们老同志要开明，

① 中央纪委国家监委研究室编：《中国共产党党风廉政建设百年纪事》，中国方正出版社2021年版，第199页。

要带头。不这样，解决不了问题”[①]。1979年11月5日，邓小平找中央秘书长胡耀邦谈话，指示在接班人问题上要有所行动，要加紧选配55岁以下的中青年干部，解决中央各部委和省、市委领导班子接班人问题。1980年2月召开的中共十一届五中全会重新成立中央书记处，在组织路线方面作出了一系列非常重要的决策。但邓小平清醒地认识到：“就全党来说，没有解决的重要问题还不少，我们要有清醒的估计。”[②]他力主集体交接班，而不是领袖个人的交接班，首先是中央领导集体的年轻化，具体地提议：“我想请在座的同志们考虑，下届的中央委员会，是不是可以选五十个五十岁以下的人。代表大会的代表应该有相当数量的五十岁以下的人。如果做不到这两点，我们那个代表大会就不是成功的代表大会。再往后，我们的代表大会代表、中央委员会委员还应当更年轻一些。这是我们事业兴旺发达的重要标志之一。”[③]在邓小平的督促下，经过认真考察、讨论，组织部门选拔了一批符合要求的优秀中青年干部，为党的十二大开成一个党的最高领导层实现新老合作和交替的重要会议奠定了基础。

1981年5月，陈云向中央建议，从中央到省、地、县各级，设立专门机构和有关辅助机构和岗位，成千上万地提拔中青年干部。7月2日，邓小平在专门讨论陈云建议的中共省、市、自治区委员会书记座谈会上表示，“陈云同志这个建议我是双手拥护”[④]，“最重要的问题是，提出选拔中青年干部的任务以后，要着手去做”[⑤]。并具体建议制订干部年轻化的五年计划和十年计划。随着中青年干部机构建立、第三梯队选拔等工作的开展，年轻干部选拔有了制度保障。

20世纪80年代初，党中央大力选拔优秀年轻干部，不仅为80年代干部队伍建设作出了应急性努力，而且为党的事业长期发展打下了基础。

---

① 《邓小平文选》第2卷，人民出版社1994年版，第385页。
② 《邓小平文选》第2卷，人民出版社1994年版，第280页。
③ 《邓小平文选》第2卷，人民出版社1994年版，第281页。
④ 《邓小平文选》第2卷，人民出版社1994年版，第388页。
⑤ 《邓小平文选》第2卷，人民出版社1994年版，第387页。

五、严打经济犯罪

实行改革开放，一方面使得社会充满生机活力，大大推动了中国经济社会的发展进步；另一方面也使得中国共产党的执政面临更加严峻的考验。自党的十一届三中全会决定实行改革开放后，仅仅一两年，有相当多的干部被资产阶级思想所腐蚀，不少人员卷进了经济犯罪活动。特别是广东、福建沿海一带，借对外开放和实行特殊政策之机，刮起了走私贩私之风。有些党员领导干部不仅采取姑息态度，而且还沦为走私贩私活动的“保护伞”。这引起了中央的高度重视。

1981 年 8 月 3 日，中共中央、国务院批转《东南沿海三省第二次打击走私工作会议纪要》，强调反走私斗争不仅是经济斗争而且是政治斗争。对一切支持、包庇走私贩私活动的不法分子都要进行坚决斗争、严肃处理。鉴于经济犯罪现象突出，影响极坏，1982 年 1 月 11 日，中共中央发出关于打击严重经济犯罪活动的紧急通知。通知指出，对于这个严重毁坏党的威信、关系我党生死存亡的重大问题，全党一定要抓住不放，雷厉风行地加以解决。2 月 11 日至 13 日，中央书记处在北京召开广东福建两省座谈会，部署打击经济犯罪。3 月 8 日，五届全国人大常委会第二十二次会议通过《关于严惩严重破坏经济的罪犯的决定》。这些都显示了我们党严厉打击经济犯罪的鲜明态度和坚强决心。

1982 年 4 月 10 日，邓小平在中央政治局会议上作《坚决打击经济犯罪活动》的讲话，强调要将打击经济犯罪活动作为一项长期的经常的斗争。他认为，要坚持社会主义道路，离不开这些保证：“第一，体制改革；第二，建设社会主义精神文明；第三，打击经济犯罪活动；第四，整顿党的作风和党的组织。”[①] 显然，邓小平把打击经济犯罪活动与整顿党的作风和党的组织，作为坚持社会主义道路不可或缺的重要保证。

为在改革开放的考验中保证党的清正廉洁，党中央、国务院于 1982 年 4 月 13 日作出《关于打击经济领域中严重犯罪活动的决定》，指出这场斗争关

---

① 《邓小平文选》第 2 卷，人民出版社 1994 年版，第 403—404 页。

系到我国现代化建设的成败，关系到我们党和国家的盛衰兴亡。同年 5 月 31 日，中央纪委召开中央党政军机关负责干部会议，要求各单位把打击经济领域中严重犯罪活动切实开展起来。中央纪委派出 150 余名司局级以上干部分赴各地，加强打击经济领域犯罪活动的办案力量，直接参与大案要案的调查处理工作。同年 7 月 22 日，中央纪委严肃处理了化工部副部长杨义邦一案，指出杨义邦在对外经济工作中，不作认真调查研究，一再违反纪律，听从外商的摆布，屈从外商的要求，变相索贿受贿，违反国家保密规定，给国家的信誉和经济利益造成重大损失。到 1983 年 4 月，全国立案审查的有 19 万多件，涉及党员 7 万多人，开除党籍 8500 多人，追缴赃款赃物合计 4 亿多元，有力遏制了走私贩私、贪污盗窃、行贿受贿、投机诈骗等严重犯罪的歪风[①]。在这一系列案件的影响和带动下，相关的法律、法规相继制定和颁布，推动了我国社会主义民主法制化和从严管党治党以加强党自身建设的进程。

从 1976 年“文化大革命”结束到 1982 年党的十二大召开这段历史转折时期，面临长期执政、改革开放和商品经济等严峻考验，我们党通过加强纪委工作、规范党内政治生活、加强党风建设、打击经济犯罪等，不断强化党的建设，坚持从严管党治党，为党的十二大顺利召开准备了组织基础、提供了政治保障。

① 朱佳木:《改革开放初期的陈云与邓小平》,《当代中国史研究》2010 年第 3 期。

第三章 党的十二大的筹备与召开

1982年9月1日至11日在北京召开的党的十二大，如同邓小平在党的十二大开幕词中指出的，是党的七大以来召开的最重要的会议之一。这次党代会是在经过近四年的拨乱反正、改革开放、一心一意建设社会主义现代化的背景下召开的，也是在党的十一届三中全会实现伟大转折、十一届六中全会的历史决议清理了历史的大是大非之后，才召开的。党的十二大是拨乱反正、历史转折之后的第一次党的全国代表大会。

一、大会的筹备

全国党代会是中国共产党决策过程中最重要的环节，也是最重要的当代中国政治实践。中共中央对党的十二大的召开非常重视，先后经过两年多的充分准备。

1980年2月，党的十一届五中全会就正式决定提前召开党的十二大，并对大会的主要议程、代表名额和分配原则及产生办法等问题作了规定。全会分析了党的十一届三中全会以来经济社会发展情况，指出了提前召开党的十二大的原因。

全会认为，党的十一大以来，特别是党的十一届三中全会以来，国内外形势都有了重大的变化和发展。随着全党工作着重点的转移，社会主义现代化建设事业开始走上健康发展的轨道。三中全会和四中全会所确定的党的政治路线、思想路线和组织路线，广泛地深入人心；林彪、“四人帮”的反革命罪行，他们所推行的极左路线和他们在组织上、思想上的残余，受到进一步的揭发批判；历史上遗留的大批冤假错案得到平反，党的各项政策在全国广泛地得到落实。在这个基础上，全党全军全国人民紧密团结在党中央的周围，为四个现代化的伟大事业和国民经济的调整、改革、整顿、提高方针的实施，艰苦奋斗，使农业、工业、财贸、教育、科学、文化、政法、国防、外交等各条战线上捷报频传，安定团结、生动活泼的局面正在发展。这些事实证明，党中央所执行的路线方针政策是正确的，我们的国家已经从林彪反革命集团、“四人帮”十年横行所造成的严重混乱状态，基本上转变成为有领导、有秩序、有前进的方向和目标、有胜利的条件和信心的局面。这是我们党克服了巨大困难所取得的巨大胜利。全会指出：全国各族人民向四个现代化进军的伟大实践，现在向我们党提出了一系列需要不失时机地加以迅速解决的重大问题，包括确定国民经济发展的远景规划，确定适合国民经济发展需要的经济体制，确定适合国民经济发展需要的教育计划和教育体制。随着国内形势的转变，国家政治生活和党的生活中的一系列重要问题，思想上理论上的一些重要问题，也需要作相应的解决，以利于安定团结、生动活泼的政治局面的发展和巩固，以利于现代化建设的顺利进行。为了解决这些迫切的问题，要求中央委员会提前召开党的第十二次全国代表大会。中央全会一致通过决定，提前召开中国共产党第十二次全国代表大会，召开这次大会的具体时间，由中央政治局决定。

全会初步决定了党的十二大的主要议程，规定出席党的十二大的代表名额为1600名。各选举单位按代表人数1/10的比例选举候补代表。由各省、市、自治区，中央直属机关，中央国家机关，解放军各总部、军兵种、大军区，分别召开党的代表大会或代表会议，经过充分酝酿，采取差额选举办法，以无记名投票方式选举产生。①

全会认为，1980年全党在各条战线上的工作任务将是十分繁重的。完成这些任务，将对胜利召开党的十二大发挥巨大的作用。全会号召全党同志，同全国人民在一起，紧密团结在党中央的周围，万众一心，紧张努力，

① 李颖编：《从一大到十七大》（下），中央文献出版社2008年版，第576页。

在各条战线上创造出优异的成绩，来迎接党的十二大的召开。

为做好党代表选举工作，1980 年 4 月，中央政治局通过了《关于十二大代表选举工作的几点意见》(以下简称《意见》)。《意见》根据党的十一届五中全会决议的精神，对有关代表选举的若干问题提出了具体意见，要求各地的党代表大会或代表会议，必须自始至终坚持民主集中制的原则。出席党的十二大的代表，都要经过充分酝酿，采取差额选举的办法，以无记名投票方式产生。各省、市、自治区党委要加强领导，开好县、市的党代表大会或代表会议。同时做好省、市、自治区的代表大会或代表会议的各项准备工作，经过充分酝酿，提出出席党的十二大代表候选人的预备名单。整个选举工作，要充分体现多数代表的意见。各地区各单位的选举工作，应于 11 月底前完成。中央政治局还对各方面代表的比例作出原则规定：妇女党员代表占代表总数的 15% 左右；全国著名的劳动模范和战斗英雄可占 6% 左右；科技、文化、教育、卫生、体育等各专业人员可占 15% 左右；少数民族代表不少于 5%。同时，还要求代表力求年轻化，55 岁以下的代表力争做到不少于 2/5 等。①

这次会议还通过了《关于丧失工作能力的老同志不当十二大代表和中央委员会候选人的决定》。该决定指出，为了使出席党的第十二次全国代表大会的代表和大会选举产生的中央委员会，有相当比例的年富力强的同志，使党的领导机构能够适应社会主义现代化建设繁重任务的需要，保证党的路线、方针、政策的长期连续性，保证党的集体领导的长期稳定性。中央决定，凡年事已高，丧失工作能力和生活自理能力的老同志，不当党的十二大代表和中央委员会候选人。这是废除实际上存在的干部领导职务终身制和逐步更新领导班子的一个重要步骤。

1980 年 5 月 18 日、19 日，胡耀邦在参加一次座谈会时指出要“认真做好召开党代会的各项准备工作，力争使我们党的十二大和各级党代会成

① 陈雪薇主编：《十一届三中全会以来重大事件和决策调查》，中共中央党校出版社 1998 年版。

为建国以来开得最好的大会之一”[①]。他指出：“我们党的全国代表大会，是党的最高领导机关，要决定党的路线、方针，选举党中央领导机构，决定全局性的重大问题。对于一个党来说，开好一次代表大会，就是在全党、全国和全世界树立起一面旗帜。”“我们党的十二大，必须开好，应该开好，也有可能开好。说必须开好，应该开好，是因为这次大会是在新的历史转折时期召开的，全党关心，全国人民关心，全世界关心。说有可能开好，是因为粉碎‘四人帮’以来党的状况已经发生了根本性变化，并且在政治、思想、组织各方面都有了正反两方面经验。要开成最好的代表大会，有什么标准呢？我看，大体有三条：一、它制定的路线是正确的。二、它选出的领导班子是有威望的，是全党绝大多数同志所满意和拥护的。三、它的方法是体现民主集中制原则的，是充分走群众路线的。”[②]关于党代表的选举，胡耀邦明确指出：“从组织工作方面来说，首先是选好代表，使选出的代表真正有代表性。这里说的代表性，不是代表哪个单位、哪个方面，而是真正为全党绝大多数同志所信任、所赞成，这样才会有威信，有权威。”[③]

遵照党的十一届五中全会和有关精神，各省、市、自治区、中央机关和人民解放军的党组织，分别召开党代表大会或代表会议，选举产生了出席党的十二大的代表，按期完成了选举工作。

党代会报告的起草是筹备党代会的重中之重。邓小平、胡耀邦十分重视党的十二大报告的起草，对报告的框架、内容、写法提出了要求和意见。陈云对党代会报告的起草也倾注了大量心血。1982 年 5 月 21 日、22 日，陈云两次同胡乔木谈十二大报告起草等问题。6 月 14 日，陈云在审阅十二大政治报告稿时提出删去“对于以上原则，陈云同志在我们党的八大一次会议上早就提出过正确的主张并作过科学的论述，可惜后来没有照着去做”这句话。所谓“以上原则”主要涉及关于计划和市场关系的处理[④]。6 月 24

① 《胡耀邦文选》，人民出版社 2015 年版，第 203 页。

② 《胡耀邦文选》，人民出版社 2015 年版，第 203—204 页。

③ 《胡耀邦文选》，人民出版社 2015 年版，第 204 页。

④ 中共中央文献研究室编：《陈云传》（下），中央文献出版社 2005 年版，第 1624 页。

日、26日，他又两次向胡乔木谈了对十二大报告讨论稿的意见。他主要是谈了党风问题、重大问题皆有党委决定[①]。胡乔木担任中央书记处书记期间，分管思想、理论工作和中央重要文件的起草，其中十二大报告的起草是最重要的事情[②]。龚育之参加了此次党代会报告的起草。他曾在接受采访时说："十二大最重要的，是提出了建设有中国特色的社会主义，这可以说是十二大的主题。这个主题，还不是出现在胡耀邦的报告中，而是出现在邓小平的开幕词中。邓小平的开幕词，最初让两个人起草，我是其中之一。当然，起草出来之后，还经过了主持人讨论，最后邓小平定稿，但我是参与者。我对十二大开幕词、报告的产生和建设有中国特色的社会主义这个主题的出现，还是做了一份工作。"[③] 在党代会报告起草过程中，党章的修订也在紧锣密鼓进行。

1982年8月6日，党的十一届七中全会在北京举行。全会决定1982年9月1日召开中共第十二次全国代表大会。全会审议并通过了中央委员会向中共第十二次全国代表大会的报告和《中国共产党章程（修改草案）》，一致决定将这两个文件提交中共第十二次全国代表大会审议。全会还讨论并通过了分别给我们党老一辈无产阶级革命家刘伯承、蔡畅的致敬信。刘伯承、蔡畅是我们党老一辈的无产阶级革命家，他们在长期的革命和建设事业中对党和人民作出了巨大贡献，七中全会决定在他们因年高久病，不再担任领导职务之际，以全会的名义表达全党同志对他们的亲切问候和崇高敬意。全会正式会议前开了六天的预备会议，就上述议题进行了充分的酝酿和认真的讨论。出席十一届七中全会的有中央委员185人，候补中央委员112人。列席会议的有21人。中央政治局常委胡耀邦、叶剑英、邓小平、赵紫阳、李先念、陈云、华国锋主持了这次会议。

---

① 中共中央文献研究室编：《陈云年谱（1959.01—1995.04）》（下）（修订本），中央文献出版社2015年版，第344—345页。

② 胡乔木传编写组：《胡乔木传》（下），当代中国出版社、人民出版社2014年版，第659页。

③ 《龚育之访谈录》编辑组编：《龚育之访谈录》，中央文献出版社2009年版，第405页。

二、党的十二大的顺利召开

1982 年 9 月 1 日，中国共产党第十二次全国代表大会在北京开幕。大会正式代表 1600 人，候补代表 149 名，代表着 3900 多万名党员。出席过多次党代会的老代表注意到，十二大会场场景布置上有了变化：撤掉了此前领袖画像，改为悬挂镰刀锤头组成的巨大党徽，在两侧十面红旗的映衬下，庄严隆重，朴素大方。此后，党的历次全国代表大会及代表会议都沿用了这一布置式样。大会上，邓小平致开幕词，胡耀邦代表第十一届中央委员会作题为《全面开创社会主义现代化建设的新局面》的报告，叶剑英、陈云就干部队伍的新老合作和交替问题讲了话，李先念致闭幕词。

出席党的十二大的代表们步入会场

1982年9月1日至11日，中国共产党第十二次全国代表大会在北京隆重举行。图为大会会场。

（一）邓小平提出"建设有中国特色的社会主义"科学命题

1982年9月1日，邓小平致党的十二大开幕词。邓小平首先宣布了大会的议程有三项：（一）审议第十一届中央委员会的报告，确定党为全面开创社会主义现代化建设新局面而奋斗的纲领；（二）审议和通过新的《中国共产党章程》；（三）按照新的党章的规定，选举新的中央委员会、中央顾问委员会和中央纪律检查委员会。然后他从历史的角度阐明了党的十二大的历史地位，并将之与党的七大作地位比较，明确说"回顾党的历史，这次代表大会将是党的第七次全国代表大会以来的一次最重要的会议"①。他

① 《邓小平文选》第3卷，人民出版社1993年版，第1页。

指出，1945 年在毛泽东同志主持下召开的党的第七次全国代表大会，是建党以后民主革命时期我们党最重要的一次代表大会。那次大会总结了我国民主革命 20 多年曲折发展的历史经验，制定了正确的纲领和策略，克服了党内的错误思想，使全党的认识在马克思列宁主义、毛泽东思想的基础上统一起来，达到了全党的空前团结。那次代表大会，为新民主主义革命在全国的胜利奠定了基础。1956 年召开的党的第八次全国代表大会，分析了生产资料私有制的社会主义改造基本完成以后的形势，提出了全面开展社会主义建设的任务。八大的路线是正确的。但是，由于当时党对于全面建设社会主义的思想准备不足，八大提出的路线和许多正确意见没有能够在实践中坚持下去。八大以后，我们取得了社会主义建设的许多成就，同时也遭到了严重挫折。现在这次代表大会和八大时的情况有了很大的不同。正如七大以前，民主革命 20 多年的曲折发展，教育全党掌握了我国民主革命的规律一样，八大以后社会主义革命和建设 20 多年的曲折发展也深刻地教育了全党。从十一届三中全会以来，我们党在经济、政治、文化等各方面的工作中恢复了正确的政策。并且研究新情况、新经验，制定了一系列新的正确政策。和八大的时候比较，现在我们党对我国社会主义建设规律的认识深刻得多了，经验丰富得多了，贯彻执行我们的正确方针的自觉性和坚定性大大加强了。我们有充分的根据相信，这次代表大会制定的正确的纲领，一定能够全面开创社会主义现代化建设的新局面，使我们党兴旺发达，使我们的社会主义事业兴旺发达，使我们的国家和各民族兴旺发达。①

开幕词最重要的理论贡献就是在总结经验基础上，提出了建设有中国特色的社会主义的科学命题。邓小平指出："我们的现代化建设，必须从中国的实际出发。无论是革命还是建设，都要注意学习和借鉴外国经验。但是，照抄照搬别国经验、别国模式，从来不能得到成功。这方面我们有过不少教训。把马克思主义的普遍真理同我国的具体实际结合起来，走自己

① 《邓小平文选》第 3 卷，人民出版社 1993 年版，第 1—2 页。

邓小平在党的十二大上致开幕词

的道路，建设有中国特色的社会主义，这就是我们总结长期历史经验得出的基本结论。”① 这个基本结论的提出，标志着我们党对什么是社会主义、怎样建设社会主义这个重大课题认识上的一个新飞跃。得出这个基本结论，是邓小平在总结新中国成立以来尤其是社会主义改造结束以来中国建设社会主义的历史经验，也是着眼世界得出的必然结论。正如他所说，“中国的事情要按照中国的情况来办，要依靠中国人自己的力量来办。独立自主，自力更生，无论过去、现在和将来，都是我们的立足点。中国人民珍惜同其他国家和人民的友谊和合作，更加珍惜自己经过长期奋斗而得来的独立自主权利。任何外国不要指望中国做他们的附庸，不要指望中国会吞下损害我国利益的苦果。我们坚定不移地实行对外开放政策，在平等互利的基础上积极扩大对外交流。同时，我们保持清醒的头脑，坚决抵制外来腐朽思想的侵蚀，决不允许资产阶级生活方式在我国泛滥。中国人民有自己的民族自尊心和自豪感，以热爱祖国、贡献全部力量建设社会主义祖国为最大光荣，以损害社会主义祖国利益、尊严和荣誉为最大耻辱”②。之所以在党的十二大开幕词中邓小平提出建设有中国特色的社会主义，实际上表达了中国建设社会主义要从中国国情出发，不是照抄照搬别的国家的什么模式，这既是长期历史经验的积累所致，也是中国共产党谋求开辟新路所为。同时，也是世界视野使然。当时苏联、东欧的社会主义国家还在，中国建设的社会

① 《邓小平文选》第 3 卷，人民出版社 1993 年版，第 2—3 页。
② 《邓小平文选》第 3 卷，人民出版社 1993 年版，第 3 页。

主义和他们并不一样，具有鲜明的中国特色、中国风格和中国气派，我们搞的不是苏联那样的社会主义，也不是东欧那样的社会主义，而是有中国特色的社会主义。“建设有中国特色的社会主义”此后表述为“中国特色社会主义”，坚持和发展中国特色社会主义也被中共中央定性为改革开放以来“党全部理论和实践的主题”①。从党的十二大召开后至今每次党代会报告的名字都含有“中国特色社会主义”八个大字。在中国这样的一个有着5000多年文明史、14亿多人口的大国推进改革发展，没有可以奉为金科玉律的教科书，也没有可以对中国人民颐指气使的教师爷。中国特色社会主义是当代中国大踏步赶上时代、引领时代发展的必由之路，必须毫不动摇坚持。

在开幕词中，邓小平还提出了20世纪80年代我国人民面临的三大任务，即加紧社会主义现代化建设，争取实现包括台湾在内的祖国统一，反对霸权主义、维护世界和平。这三大任务中，核心是经济建设，它是解决国际国内问题的基础。今后一个长时期，至少是到20世纪末的近20年内，我们要抓紧四件工作：进行机构改革和经济体制改革，实现干部队伍的革命化、年轻化、知识化、专业化；建设社会主义精神文明；打击经济领域和其他领域内破坏社会主义的犯罪活动；在认真学习新党章的基础上，整顿党的作风和组织。这是我们坚持社会主义道路，集中力量进行现代化建设的最重要的保证。邓小平不仅明确了三大任务的核心和党的中心工作，还强调了实现三大任务的制度保证、组织保证等，指出我们党提出的各项重大任务，没有一项不是依靠广大人民的艰苦努力来完成的，还说要“为把我国建设成为现代化的，高度文明、高度民主的社会主义国家”②而努力奋斗。这就从经济、政治、文化等角度指出了现代化建设的路径，为将来提出社会主义建设布局打下了基础。

邓小平所致党的十二大开幕词，言简意赅，内涵深刻，站位高远。它既指出了本次党代会的重要地位和历史性意义，又提出了贯穿新时期社会

---

① 习近平：《论坚持全面深化改革》，中央文献出版社2018年版，第516页。

② 《邓小平文选》第3卷，人民出版社1993年版，第4页。

主义现代化建设的主题——中国特色社会主义，丰富和发展了马克思主义，是马克思主义中国化的杰作，还明确了今后我国的主要任务，并号召大家要兢兢业业做好自己的工作，堪称经典之作。邓小平的开幕词充分展现了他作为政治家的远见卓识、领袖魅力，也是对十二大精神的高度概括，在中国共产党思想史上具有重要地位和重要意义。

（二）胡耀邦作《全面开创社会主义现代化建设的新局面》的政治报告

9 月 1 日，胡耀邦代表第十一届中央委员会向大会作了题为《全面开创社会主义现代化建设的新局面》的政治报告。报告分为六个部分：一、历史性的转变和新的伟大任务；二、促进社会主义经济的全面高涨；三、努力建设高度的社会主义精神文明；四、努力建设高度的社会主义民主；五、坚持独立自主的对外政策；六、把党建设成为领导社会主义现代化事业的坚强核心。这个报告回顾了“文化大革命”结束后六年多的工作，从经济、政治、文化、外交、党建五个方面对今后的工作作出了部署。

1. 关于历史性转变

“历史性伟大转变”是指自从 1976 年 10 月粉碎“四人帮”以来，特别是党的十一届三中全会以来，经过全党全军全国各族人民的艰苦努力，在指导思想上完成了拨乱反正的艰巨任务，在各条战线的实际工作中取得了拨乱反正的重大胜利。这个转变是由乱到治的转变，这一转变有七个主要标志性成果。一是在思想上坚决冲破长期存在的教条主义和个人崇拜的严重束缚，重新确立马克思主义的实事求是的思想路线，使各个工作领域获得了生气勃勃的创造力量。我们恢复了毛泽东思想的本来面目，在新的历史条件下坚持和发展了毛泽东思想。二是结束了长时期的社会动乱，实现了安定团结、生动活泼的政治局面。社会主义的民主和法制正在逐步健全，各民族的平等团结关系重新获得加强，爱国统一战线有了进一步的扩大。三是党和国家的各级领导班子逐步得到了调整、整顿和加强。从总体上看，党和国家各级组织的领导权已经基本上掌握在忠于党和人民的干部手中。四是果断地把党和国家的工作重点转到了经济建设上来，坚决清除经济工作中长期存在的“左”倾错误，认真贯彻执行调整、改革、整顿、提高的正确方针。我国经济已经度过最困难的时期，走上了稳步发展的健康轨道。五是教育科学文化工作正在走上正轨并得到一定的发展，呈现出初步的繁荣景象。党同知识分子的关系，比以前有了很大的改善。工人、农民和知识分子这三支基本社会力量相互间的团结状况，现在也比较良好。六是为建设现代化、正规化的革命军队作了重大的努力。人民解放军在加强军事训练和思想政治工作方面，在改进军政军民关系方面，在守卫边境、保卫祖国安全和参加社会主义建设方面，都取得了显著成就。军队的军事素质和政治素质在新的历史条件下有了新的提高。七是党在领导人民完成历史性伟大转变的过程中，本身也经受了考验和改造。党为端正党风做了大量工作，逐步恢复优良传统，正在斗争中锻炼得更加成熟和坚强。

为什么能实现伟大转变呢？胜利来之不易，实现历史性伟大转变是党中央领导全党和全国各族人民克服了种种巨大困难以后才取得的。其中就包括如何在处理“左”的错误的同时，科学评价毛泽东同志和毛泽东思想。毛泽东同志对中国革命作出了不朽的伟大贡献，因而他在党和人民中长期享有并且今后仍将享有崇高的威望。对于我们党的错误，包括毛泽东同志所犯的错误在内，有没有马克思主义的勇气进行自我批评，能不能历史地、正确地进行这种自我批评，是能否拨乱反正的关键问题。刚刚粉碎江青反革命集团的时候，我们党对全面清理“左”倾错误的思想准备还很不够，加上当时党中央主要负责同志在一系列重大问题上继续犯着“左”的错误，这就使得十一届三中全会前的两年间，党的指导思想上的是非没有得到应有的澄清，拨乱反正呈现徘徊局面。党的第十一次全国代表大会宣告“文化大革命”结束，重申建设社会主义现代化强国的任务，这对于动员群众起了积极作用。但是，这次大会的政治报告仍然肯定“文化大革命”的错误理论、政策和口号，这就起了严重阻挠拨乱反正的消极作用。十一届三中全会的伟大历史功绩，就在于从根本上冲破了长期“左”倾错误的严重束缚，端正了党的指导思想，重新确立了马克思主义的思想路线、政治路线和组织路线。此后，党从各个方面深入总结历史经验，科学地阐述了许多从实践中提出的有关建设社会主义的理论和政策问题。党的十一届六中全会通过的《关于建国以来党的若干历史问题的决议》，标志着党胜利地完成了指导思想上的拨乱反正。党依靠广大干部和群众的集体智慧，既对多年来的“左”倾错误和毛泽东同志晚年的错误作了科学的分析和批判，又坚决地维护了党在长期斗争中形成的优良传统，维护了毛泽东思想的科学真理和毛泽东同志的历史地位。这样做的结果，既分清了是非，又加强了团结，为各项革命和建设事业的健康发展提供了根本保证。

在历史大转变的时刻，由于旧思想、旧习惯的严重影响，由于对新事物缺乏经验，加上其他社会政治因素的作用，人们思想上的片面性很容易发生。那时对党的解放思想的方针，对毛泽东同志和毛泽东思想的评价，对社会主义现阶段阶级斗争形势的估计等重大原则问题，在一部分党员和党的干部中出现过不同倾向的错误认识。有些同志不能完全摆脱过去“左”倾错误的影响，有意无意地要回到“以阶级斗争为纲”的老路上去。另外一些同志则偏离马克思主义的轨道，发展到了怀疑甚至否定党的领导和社会主义道路的地步。党在这些重大原则问题上，始终保持坚定的立场，及时地正确地开展了反对“左”和右的倾向的两条战线的思想斗争。党中央一方面系统地清理了“文化大革命”期间提出的“无产阶级专政下继续革命”即还要实行所谓“一个阶级推翻一个阶级的革命”的错误理论，防止导致阶级斗争扩大化的错误继续发生，大力推进社会主义民主和社会主义法制的建设，恢复和发展党的统一战线工作；另一方面，重申以坚持党的领导为中心的四项基本原则，批评和制止资产阶级自由化倾向，并对破坏社会主义建设的各种犯罪活动进行坚决的打击。在处理许多实际问题的时候，都尽力按马克思主义的科学性和全面性的要求办事。

正是因为“十一届三中全会以后，党在制定和实施一系列方针政策的过程中，力求符合客观实际，防止在注意一种错误倾向的时候忽视另一种错误倾向”[1]，我们才能够在较短的时间内，把许多相当复杂的思想问题和社会政治矛盾处理得比较妥善。

当然，面对如此纷繁复杂的形势，必须采用科学的思想方法和工作方法。当时，党中央采取的是“抓住中心环节以带动其他的方法”。这个阶段，党注意分别轻重缓急，有秩序地进行工作，逐步解决各种问题。以经济工作为例，十一届三中全会首先抓住农业这一环，着重克服过去指导上长期存在的“左”倾错误，恢复和扩大农村社队的自主权，恢复自留地、家庭副业、集体副业和集市贸易，逐步实行各种形式联产计酬的生产责任制，同时提高了粮食和其他部分农产品的收购价格，随后又解决了多种经营的方针问题，从而使农业面貌很快发生显著变化，由原来的停滞不前变得欣欣向荣。这对于带动整个经济形势以致政治形势的好转，都起了重大作用。随着农业状况的改善，又在调整工业结构中着重解决轻重工业的比例失调问题，调整重工业的服务方向，使轻工业得到迅速发展。在这同时，还调整了积累和消费的比例，压缩了过大的基本建设规模。这样就既改善了国民经济的内部比例，也改善了人民生活。党能取得许多方面的胜利，归根到底，还是由于坚持了马克思主义的理论和实际相结合的科学原理，坚持了马克思主义的人民创造历史的科学原理。

大会报告比较分析了从“文化大革命”结束到党的十二大实现的历史性转变和党在新民主主义革命时期实现的两次历史性转变的不同。新民主主义革命时期发生过两次历史性转变，一次是由北伐战争的失败到土地革命战争的兴起，另一次是由第五次反“围剿”的失败到抗日战争的兴起。在这两次转变中，当党和人民的力量遭到惨重损失，革命陷于危机的时候，国内外敌人都曾认定我们必将彻底失败，我们自己队伍里也曾有不少人动摇悲观。但是，党并没有被巨大的困难所压倒。在毛泽东同志为代表的一大批杰出人物领导下，党以超乎寻常的革命胆略和革命毅力，顽强地继续战斗，独创性地寻求适合中国特点的革命道路，终于扭转危险的形势，使

① 中共中央文献研究室编:《十二大以来重要文献选编》(上)，中央文献出版社 2011 年版，第 8 页。

革命事业获得新生，开创了胜利发展的新局面。与过去那两次相比，这一次历史性转变，历史条件有了很大的不同。党已经是全国政权的领导核心，我国已经经过长时期的社会主义革命和建设。人民的力量比过去革命战争时期强大得多。社会主义事业虽然由于“文化大革命”而受到巨大损失，但仍具有不可战胜的强大生命力。在党中央领导下，经过全党上下的紧张努力，经过全党同志同全国亿万人民的团结战斗，我们终于实现了又一次历史性的伟大转变。这样通过历史比较的方式，就凸显了十二大召开前六年我们党工作的历史性价值。

在此基础上，大会明确了“党在新的历史时期的总任务”，即团结全国各族人民，自力更生，艰苦奋斗，逐步实现工业、农业、国防和科学技术现代化，把我国建设成为高度文明、高度民主的社会主义国家。这一总任务，指出了完成任务的领导力量是中国共产党，主体是全国各族人民，途径是自力更生、艰苦奋斗，目标是实现四个现代化，建设高度文明、高度民主的社会主义国家，从而明确了我国在一个较长时期要完成的任务，明确了我们党肩上担负的历史使命。

为实现这一历史性任务，大会报告提出“从这次代表大会到下次代表大会的五年间，我们要根据上述总任务的要求，从当前实际出发，大力推进社会主义物质文明和精神文明的建设，继续健全社会主义民主和法制，认真整顿党的作风和组织，争取实现国家财政经济状况的根本好转，实现社会风气的根本好转，实现党风的根本好转。在这同时，我们要同包括台湾同胞、港澳同胞和国外侨胞在内的全体爱国人民一道，努力促进祖国统一的大业。我们还要同全世界人民一道，继续为反对帝国主义、霸权主义和维护世界和平而斗争”①。这就提纲挈领的交代了未来五年中国共产党需要做的重点工作，也指出了摆在全党面前的全面开创新局面的伟大任务。报告此后的五个部分，就是为了完成这个伟大任务而作出的战略安排。

① 中共中央文献研究室编：《十二大以来重要文献选编》（上），中央文献出版社 2011 年版，第 11 页。

2. 推进经济建设

党的十一届三中全会后，经济建设就成为最大的政治，也是全党的中心工作。党的十二大报告第二部分鲜明指出在全面开创新局面的各项任务中，“首要的任务是把社会主义现代化经济建设继续推向前进”。为完成这个首要任务，大会政治报告实事求是地确定了我国经济建设的战略目标、战略重点、战略步骤和一系列方针。

“从一九八一年到本世纪末的二十年，我国经济建设总的奋斗目标是，在不断提高经济效益的前提下，力争使全国工农业的年总产值翻两番，即由一九八○年的七千一百亿元增加到二○○○年的二万八千亿元左右”[①]。为完成这一战略目标，得紧紧盯住战略重点，最重要的是要解决好农业问题，能源、交通问题和教育、科学问题。报告提出在今后20年内，一定要牢牢抓住农业、能源和交通、教育和科学这几个根本环节，把它们作为经济发展的战略重点。在综合平衡的基础上，把这些方面的问题解决好了，就可以促进消费品生产的较快增长，带动整个工业和其他各项生产建设事业的发展，保障人民生活的改善。为完成这一战略目标，大会作出了“两步走”的部署，即前十年主要是打好基础，积蓄力量，创造条件，后十年要进入一个新的经济振兴时期。这是党中央全面分析了我国经济情况和发展趋势之后作出的重要决策。

宏观思路确定下来后，就得有具体部署。党的十二大报告指出要严格执行“六五”计划和谋划好“七五”计划，在第六个五年计划期间，要继续坚定不移地贯彻执行调整、改革、整顿、提高的方针，厉行节约，反对浪费，把全部经济工作转到以提高经济效益为中心的轨道上来。要集中主要力量进行各方面经济结构的调整，进行现有企业的整顿、改组和联合，有重点地开展企业的技术改造，同时要巩固和完善经济管理体制方面已经实行的初步改革，抓紧制订改革的总体方案和实施步骤。在1986年

---

① 中共中央文献研究室编:《十二大以来重要文献选编》(上)，中央文献出版社2011年版，第11—12页。

到1990年的第七个五年计划期间，要广泛进行企业的技术改造，逐步展开经济管理体制的改革，同时继续完成企业组织结构和各方面经济结构的合理化。在80年代，还必须在能源、交通等方面进行一系列必要的基本建设和一系列重大科技项目的“攻关”。因此，国民经济的发展不可能很快。但是，只要我们切实做好上述各项工作，就可以把历史遗留的问题解决好，并且为后十年的经济增长打下比较坚实的基础。90年代我国经济将全面高涨，发展速度肯定会比80年代高得多。把这样的战略部署向人民群众进行充分的宣传解释，人民就会更加看清楚我们的光明前途，鼓起更大的干劲去迎接新的经济振兴时期的到来。

为了实现战略目标，大会报告提出特别要注意解决几个重要原则问题。首先是集中资金进行重点建设和继续改善人民生活的问题；其次是坚持国营经济的主导地位和发展多种经济形式的问题；再次是正确贯彻计划经济为主、市场调节为辅原则的问题；最后是坚持自力更生和扩大对外经济技术交流的问题。

对举国关心的经济体制改革问题，大会没有回避。大会报告在定性“我国在公有制基础上实行计划经济”的基础上，对计划和市场的关系进行了探索性描述，“有计划的生产和流通，是我国国民经济的主体。同时，允许对于部分产品的生产和流通不作计划，由市场来调节，也就是说，根据不同时期的具体情况，由国家统一计划划出一定的范围，由价值规律自发地起调节作用。这一部分是有计划生产和流通的补充，是从属的、次要的，但又是必需的、有益的。国家通过经济计划的综合平衡和市场调节的辅助作用，保证国民经济按比例地协调发展”[①]。这显然是坚持计划经济为主、市场调节为辅的改革思路。事实上也是如此，党的十一届三中全会后，我们对经济体制实行了一些改革，扩大了企业在计划管理方面的权限，注意发挥市场调节的作用，方向是正确的，收效也很明显。但是，由于有些改革措施不配套，相应的管理工作没有跟上，因而削弱和妨害国家统一计划的现象有

① 中共中央文献研究室编:《十二大以来重要文献选编》(上)，中央文献出版社2011年版，第18页。

所滋长。这是不利于国民经济正常发展的。因此，大会指出“今后，要继续注意发挥市场调节的作用，但决不能忽视和放松国家计划的统一领导”[①]。

关于经济形式的问题，大会报告不仅谈了国营经济、集体经济，还谈到了多种经济形式。这是在改革开放过程中自然生发的。这也涉及计划和市场的关系问题。因此，大会报告指出：“无论是实行指令性计划还是指导性计划，都要力求符合客观实际，经常研究市场供需状况的变化，自觉利用价值规律，运用价格、税收、信贷等经济杠杆引导企业实现国家计划的要求，给企业以不同程度的机动权，这样才能使计划在执行中及时得到必要的补充和完善。”[②]这是试图把计划经济和价值规律结合起来，让计划更加灵活。进而才有了“至于各种各样的小商品，产值小，品种多，生产、供应的时间性和地域性一般很强，国家不必要也不可能用计划把它们都管起来。这类小商品，可以让企业根据市场供求的变化灵活地自行安排生产，国家应当通过政策法令和工商行政工作加强管理，并协助它们解决某些重要原材料的供应”[③]这样的表述。这也是针对计划经济为主、市场调节为辅改革思路实践中出现的问题而来的，明确是加强管理，而不是取缔；是帮助解决问题的思路。这个大思路是对的，有利于我们继续坚持市场化取向的改革，而不是计划取向的改革。这实际上反映了十一届三中全会以来，中国经济改革总体上是市场化取向。

3. 推进精神文明建设

党的十二大高度重视社会主义精神文明建设，把精神文明建设上升为社会主义建设的战略方针之一，强调“社会主义精神文明是社会主义的重要特征，是社会主义制度优越性的重要表现”。报告从社会主义特征角度论述了精神文明的重要性：过去在讲到社会主义特征的时候，人们往往强调剥削制度的消灭和生产资料的公有，按劳分配，国民经济有计划按比例的发展，以及工人阶级和劳动人民的政权。人们还强调，高度发达的生产力

①②③　中共中央文献研究室编：《十二大以来重要文献选编》（上），中央文献出版社 2011 年版，第 19 页。

和比资本主义更高的劳动生产率，作为社会主义发展的必然要求和最终结果，也是它的特征。这些无疑都是正确的，但是还不足以完全包括社会主义的特征。社会主义还必须有一个特征，就是以共产主义思想为核心的社会主义精神文明。报告在论述这些特征时，还留着传统社会主义认识的烙印，对社会主义特征认识的描述也带有过渡性。尤其是把社会主义精神文明的核心明确为共产主义思想，还引起了一些思想上的混乱。这个问题在党的十二届六中全会上才得以解决。

关于社会主义精神文明建设的内容。大会报告认为社会主义精神文明的建设大体可以分为文化建设和思想建设两个方面。这两方面又是互相渗透和互相促进的。其中，文化建设指的是教育、科学、文学艺术、新闻出版、广播电视、卫生体育、图书馆、博物馆等各项文化事业的发展和人民群众知识水平的提高，它既是建设物质文明的重要条件，也是提高人民群众思想觉悟和道德水平的重要条件。文化建设也应当包括健康、愉快、生动活泼、丰富多彩的群众性娱乐活动，使人民在紧张劳动后的休息中，得到有高尚趣味的精神上的享受。思想建设的主要内容，是工人阶级的、马克思主义的世界观和科学理论，是共产主义的思想、信念和道德，是同社会主义公有制相适应的主人翁思想和集体主义思想，是同社会主义政治制度相适应的权利义务观念和组织纪律观念，是为人民服务的献身精神和共产主义的劳动态度，是社会主义的爱国主义和国际主义，等等。概括起来说，最重要的就是革命的理想、道德和纪律。它决定着精神文明的社会主义性质。

关于新型社会关系。大会报告认为，我们不仅要努力提高每一个社会成员的精神境界，而且要在全社会建立和发展体现社会主义精神文明的新型社会关系。这就是国内各民族之间、工人农民知识分子之间、干部群众之间、军民军政之间以至全体人民内部的团结一致、友爱互助、共同奋斗、共同前进的关系。列宁曾经指出，建立新形式的人与人的社会关系，需要做几十年的工作，这是最高尚不过的工作。我们可以满怀信心地说，依靠长期的革命传统，依靠这方面已经奠定的基础，我们一定能够进一步建设和发展这种新型的社会关系。

关于社会主义初级阶段。党的十二大报告中有这样的一段话："共产主义作为社会制度，在我国得到完全的实现，还需要经过若干代人的长时期的努力奋斗。但是，共产主义首先是一种运动。马克思、恩格斯说过：'我们所称为共产主义的是那种消灭现存状况的现实的运动。'这种运动的最终目的是实现共产主义的社会制度。在我国，共产主义思想的传播，人们为最终实现共产主义理想而进行的运动，早在中国共产党成立和领导进行新民主主义革命的时候就开始了。现在这个运动在我国已经发展到建立起作为共产主义社会初级阶段的社会主义社会。"[①] 这段话中出现了"初级阶段"的表述。于光远在参加《关于建国以来党的若干历史问题的决议》的起草和十二大报告的起草时，对于这一表述的坚持与建议，对十二大报告中出现"初级阶段"的表述，起到了一定的作用。当时谁也不会想到，这样的一句话将来会发展成为中国共产党在新时期进行理论创新的基石。

4. 建设高度的社会主义民主

中国共产党在民主运动中诞生，也是在争取民主过程中壮大起来的，更是在建设社会主义民主过程中走向成熟的。党的十二大报告指出，建设高度的社会主义民主，是中国共产党的根本目标和根本任务之一。社会主义的物质文明和精神文明建设，都要靠继续发展社会主义民主来保证和支持。我们的国家制度是人民民主专政制度。这种制度，一方面保证占人口绝大多数的劳动人民当家作主；另一方面保证对极少数破坏社会主义的敌对分子实行专政。社会主义民主是资产阶级民主所无法比拟的。社会主义民主制度和民主生活的建设需要进行长期的、大量的工作，过去我们做得还很不够，在"文化大革命"中又遭到严重破坏。近几年来，我国社会主义民主得到了恢复和发展。我们一定要按照民主集中制的原则，继续改革和完善国家的政治体制和领导体制，使人民能够更好地行使国家权力，使

---

① 中共中央文献研究室编：《十二大以来重要文献选编》（上），中央文献出版社 2011 年版，第 23 页。

国家机关能够更有效地领导和组织社会主义建设。

经过“文化大革命”，我们深刻认识到民主和法制必须紧密结合起来。党的十二大报告也指出，“社会主义民主的建设必须同社会主义法制的建设紧密地结合起来，使社会主义民主制度化、法律化”。我国法制建设的成就是显著的。在党的领导下，国家相继制定了刑法、刑事诉讼法、民事诉讼法试行草案、新的婚姻法等一系列重要法律。我们面临的问题是，不但有相当数量的群众，而且有相当数量的党员，包括一些负责干部，对法制建设的重要性还认识不足，有法不依、执法不严的现象在一些方面仍然存在，已经制定的法律还没有得到充分的遵守和执行。因此，党的十二大报告指出，这种状况必须加以坚决改变。今后，我们党要领导人民继续制订和完备各种法律，加强党对政法工作的领导，从各方面保证政法部门严格执行法律。在这同时，要在全体人民中间反复进行法制的宣传教育，从小学起各级学校都要设置有关法制教育的课程，努力使每个公民都知法守法。特别要教育和监督广大党员带头遵守宪法和法律。新宪法的制定以及新党章关于“党必须在宪法和法律的范围内活动”的规定，都体现了党纪国法的重要性。党的十二大要求从中央到基层，一切党组织和党员的活动都不能同国家的宪法和法律相抵触。党领导人民制定宪法和法律，一经国家权力机关通过，全党必须严格遵守。

关于民族关系，党的十二大报告指出“进一步发展国内各民族之间平等、团结、互助的社会主义民族关系，是我国社会主义民主建设的一项重要内容”①。党的十一届三中全会后，党中央在民族问题上作出一系列重要决定，纠正“文化大革命”和它以前的“左”的错误，恢复良好的民族关系，取得了显著的成效。根据新的历史时期的条件和各民族的具体情况，党中央还分别确定了许多有利于各少数民族地区经济和文化发展，有利于实现各少数民族区域自治权利，有利于加强各民族团结的政策，这些政策要进一步完善和发展。民族团结、民族平等和各民族的共同繁荣，对于我们这

---

① 中共中央文献研究室编：《十二大以来重要文献选编》（上），中央文献出版社 2011 年版，第 30 页。

个多民族的国家来说，是一个关系到国家命运的重大问题。我们一定要提高全党对民族问题的认识，反对大民族主义主要是大汉族主义，同时反对地方民族主义，教育全党努力完成党在民族工作中的任务。党的十二大报告明确的民族团结、民族平等和各民族共同繁荣成为党的十二大后我们处理民族关系的重要遵循。

关于统一战线，党的十二大报告重申统一战线是重要法宝，而且丰富发展了中国共产党同各民主党派合作的基本方针的内容。报告指出，在民主革命时期，统一战线是使我国革命得到胜利的一个重要“法宝”；在社会主义建设时期，它仍然发挥着十分重大的作用。我们党要继续坚持“长期共存，互相监督”，“肝胆相照，荣辱与共”的方针，加强同各民主党派、无党派民主人士、少数民族人士和宗教界爱国人士的合作。必须尽一切努力，进一步巩固和加强由全体社会主义劳动者、拥护社会主义的爱国者和拥护祖国统一的爱国者组成的，包括台湾同胞、港澳同胞和国外侨胞在内的最广泛的爱国统一战线。原来中国共产党同各民主党派合作的基本方针表述为“长期共存，互相监督”八个字，是20世纪50年代确定的。1982年1月，胡耀邦在第15次全国统战工作会议上作了关于《开创统战工作新局面》的重要讲话，提出在新的历史时期中，我们一定要同党外朋友真正建立起肝胆相照、荣辱与共的关系。党的十二大报告将“肝胆相照，荣辱与共”和“长期共存，互相监督”八字方针放在一起，标志着中国共产党与各民主党派关系十六字方针正式确立，并成为新时期中国共产党领导的多党合作的基本方针。这一方针提出后，在表述上也经历了一些变化。1987年，党的十三大报告将十六字方针表述为“长期共存、互相监督，肝胆相照、荣辱与共”。这个表述去掉了引号，使前八字与后八字的关系更加紧密了，但二者仍用逗号隔开。1989年中共中央颁布的《关于坚持和完善中国共产党领导的多党合作和政治协商制度的意见》明确提出：“长期共存、互相监督、肝胆相照、荣辱与共”，使十六字方针成为中国共产党同各民主党派合作的基本方针。

大会报告还对阶级斗争问题、严打经济犯罪活动进行了分析论述，强调我们在发展社会主义事业的新时期，从思想上到行动上一定要坚持两手：一手是坚持对外开放、对内搞活经济的政策，另一手是坚决打击经济领域和政治文化领域中危害社会主义的严重犯罪活动。只注意后一手而怀疑前一手是错误的，只强调前一手而忽视后一手是危险的。对此，全党同志必须十分明确，不应当有丝毫含糊。这和邓小平的“两手抓、两手都要硬”的思想是高度一致的。

在国防建设部分提出了新时期军队建设的目标，即“把我军建成一支强大的现代化、正规化的革命军队，进一步提高我军在现代战争条件下的自卫能力”[①]。这有利于国防建设的深入开展。后来我军裁减员额100万，就是为了把军队建设得更加精干有力。

5. 坚持独立自主的对外政策

独立自主是中国共产党的优良传统，也是中国共产党行事的基本理念。大会报告表达了中国共产党的独立自主的外交理念。报告指出，“我们坚持执行独立自主的对外政策，同我们履行维护世界和平、促进人类进步的崇高的国际义务是一致的。建国三十三年来，我们以实际行动向全世界表明：中国决不依附于任何大国或者国家集团，决不屈服于任何大国的压力”[②]。这是因为，中国的对外政策是以马克思列宁主义、毛泽东思想的科学理论为基础的，是从中国人民和世界人民的根本利益出发的。它有长远的、全局的战略依据，决不迁就一时的事变，不受任何人的唆使和挑动。

对于20世纪50年代提出的和平共处五项原则，我们依然坚持。大会报告指出，我们始终坚持和平共处的五项原则。我们没有在任何外国留驻一兵一卒，没有侵占任何外国一寸领土，没有侵犯过任何外国的主权，没有以不平等关系强加于任何外国。在任何情况下，我们永远不称霸。这里

---

① 中共中央文献研究室编：《十二大以来重要文献选编》（上），中央文献出版社2011年版，第32页。

② 中共中央文献研究室编：《十二大以来重要文献选编》（上），中央文献出版社2011年版，第33页。

“永远不称霸”的表述，既体现了中华传统文化的尚和价值，也是当代中国外交理念的呈现，更是基于对当今世界形势的科学判断。

报告以较多篇幅讲了中日、中美、中苏关系以及和第三世界国家的关系，强调反对霸权主义、维护世界和平，是今天世界人民最重要的任务。对世界形势的判断依然趋紧，提出“世界大战的危险由于超级大国的争夺而越来越严重。但是，经验也表明，世界人民能够以坚持不懈的斗争打乱它们的战略部署”[①]。这表明，对世界局势的判断，仍然延续着过去的历史惯性，还没有进一步形成新的判断。

报告的一个重大创新是提出了处理党际关系的原则，提出我们党坚持在马克思主义的基础上，按照独立自主、完全平等、互相尊重、互不干涉内部事务的原则，发展同各国共产党和其他工人阶级政党的关系。这是因为一个国家革命成功，要靠这个国家本身条件的成熟，要靠这个国家共产党路线和政策受到本国广大人民的拥护。各国党之间当然也要互相帮助，但决不允许任何外来的强制和包办代替。把自己的观点强加于人，干涉别国党的内部事务，都只能使别国的革命事业受到挫折和失败。至于强迫别国党的政策为本党本国的政策服务，甚至对别国进行武装干涉，那就只能是对国际共产主义运动的根本破坏。这些都是中国共产党在处理同其他政党关系过程中积累的宝贵经验，其中也有惨痛的深刻教训。因此，我们特别强调世界各国的共产党是一律平等的。不论是大党还是小党，历史长的党还是历史短的党，执政的党还是没有执政的党，都不能有尊卑上下之分。我们党吃过自封的老子党企图控制我们的苦头。同时，我们坚持各国党应当互相尊重。各国党都有长处和短处。

报告延续了党一向具有的世界视野，强调我国是有十亿人口的大国，应当对世界有较大的贡献，人们也理所当然地对我们抱有期望。但是我们已经做的比我们应当做的还差得很远。我们要作出更大的努力，加强自己的建设，以便为维护世界和平、促进人类进步发挥应有的作用。实际上，

---

① 中共中央文献研究室编：《十二大以来重要文献选编》(上)，中央文献出版社 2011 年版，第 36 页。

中国自己发展起来了，保持繁荣稳定，就是对世界的大贡献。穷则独善其身，达则兼济天下。中国共产党深受中华优秀传统文化滋养，又受马克思主义的熏陶，具有深厚浓烈的天下情怀，是可以理解的。这已经成为中国共产党奋斗的优良传统，也累积成党茁壮成长的宝贵经验。

6. 把党建设成为领导社会主义现代化事业的坚强核心

改革开放以来，每次党代会都会专章论述党的建设，并就党的建设作出具体部署。党的十二大开了好头。党的十二大报告阐述党的建设先是从介绍修改新党章开始，然后强调了四个方面的重点工作。考虑到修订党章有专章论述，这里重点对四个方面的党建工作进行评述。

第一，健全党的民主集中制，使党内政治生活进一步正常化。大会报告在回顾党的历史基础上得出了宝贵结论，“党内政治生活是否正常，首先是党中央和各级领导机构的政治生活是否正常，确实是关系党和国家命运的根本问题”①。从党史上看，“从建党以来到建国初期，除了在党陷入严重的右倾错误和‘左’倾错误的少数年代以外，我们党在大部分时间里比较好地执行了民主集中制原则，政治生活是比较生动活泼的。可是，从五十年代后期开始，个人崇拜现象逐步发展，党和国家的政治生活特别是党中央的政治生活越来越不正常，终于导致十年内乱”②。从历史的严重曲折中不难得出坚持民主集中制、严肃党内政治生活的重要性。也正是因为有了严重曲折，党才在十一届三中全会后严格规范党内政治生活、力图健全民主集中制，由此党内的政治生活首先是党中央的政治生活，也已经由过去长期不正常的严重状态逐步恢复到马克思主义的正确轨道上来。中央委员会、中央政治局、政治局常委会和中央书记处，在工作中都能遵循民主集中制和集体领导的原则，“一言堂”或各行其是的现象再不允许存在。大会报告认为“现在的党中央，是团结的和谐的领导集体，是能够驾驭复杂局势的坚强核心。与此同时，许多地方党组织的政治生活也有了明显的

---

①② 中共中央文献研究室编:《十二大以来重要文献选编》(上)，中央文献出版社 2011 年版，第 41 页。

改进"[①]。

看到成绩的同时还得看到不足。就全党说，在党的许多组织中，不民主现象、家长制作风还没有清除，分散主义、自由主义现象也比较严重。这些都妨碍着党的路线、方针和政策的贯彻执行，削弱了党的战斗力。大会报告提出"要使全党政治生活都进一步正常化"，这就必须坚决克服不良现象。全党特别是各级领导干部要牢固确立民主集中制观念，首先在各级党委建立和加强集体领导，努力发展党内民主，同时保证在民主基础上的集中统一。为了健全民主集中制，大会提出加强党的纪律的明确要求，以此来确保民主集中制度的落实。

第二，改革领导机构和干部制度，实现干部队伍的革命化、年轻化、知识化、专业化。党的十一届三中全会后，邓小平等中央领导同志从历史的高度认识到领导机构、干部制度改革的重要性，邓小平还在政治局扩大会议上专门讲到了这一问题，强调这是顺利进行现代化建设、坚持社会主义道路的一项重要政治保证，意义是非常深远的。同时针对党内干部青黄不接的问题，邓小平站在党的事业要后继有人的高度提出了干部"四化"方针。

大会报告对改革领导机构、领导体制不仅提出了改革目标，还提出了明确时间要求，指出"党和国家领导体制、领导机构的改革，主要是消除权力过分集中、兼职副职过多、机构重叠、职责不明、人浮于事、党政不分等种种弊端，克服官僚主义，提高工作效率。中央一级党政机构改革的第一步已经基本完成，各省、市、自治区准备在今年下半年或明年展开"[②]。大会强调，正确解决党对政府机构的领导和对企业事业单位的领导问题是机构改革中一个很重要的问题，还特别指出："在强调党政分工的时候，有关政府工作和经济工作的重大问题仍然必须由党作出决策，一切在政府机

① 中共中央文献研究室编：《十二大以来重要文献选编》(上)，中央文献出版社 2011 年版，第 42 页。

② 中共中央文献研究室编：《十二大以来重要文献选编》(上)，中央文献出版社 2011 年版，第 43 页。

关和企业事业单位工作的共产党员都必须坚决服从党的领导和执行党的政策。”[①]

实现干部队伍的革命化、年轻化、知识化、专业化，是党中央早就确定了的方针，大会报告专门论述了干部“四化”问题。报告指出，在机构改革中，要使许多年事已高的老干部既能解脱第一线工作的繁重负担，又能以他们丰富的领导工作经验在党、国家和社会生活中继续发挥作用；使大批德才兼备、年富力强的中青年干部能够及时选拔到领导岗位上来，在新老合作和交替的过程中得到更多的实际有效的锻炼，并且使各级领导层不断吸收新的活力和智慧，保持旺盛的生机。至于那些造反起家的人，帮派思想严重的人，打砸抢分子，反对三中全会以来中央路线的人，以及有各种严重违法乱纪行为的人，现在还在领导岗位上的必须坚决撤下去，凡是触犯刑律的都必须依法查处，这些人当然决不能成为选拔的对象。大会报告专门强调，“新老干部的合作和交替问题是关系社会主义事业后继有人的大事”[②]，相信全党同志特别是我们的老同志必定会以高度的革命责任心来完成这个历史任务。把干部“四化”尤其是培养选拔年轻干部上升为关乎社会主义事业后继有人的高度，显示出该项工作的极端重要性。

干部成长既要在实践中磨炼，也要注意加强学习。大会报告专门就加强干部教育学习进行了阐述，强调为了造就社会主义现代化建设的大批专门人才，必须大力加强干部的教育和训练工作。还明确“今后使用和提拔干部必须把学历、学习成绩同工作经历、工作成绩一样作为重要依据”[③]。各级党校，政府和企业的干部学校，以及被指定的某些高等院校和中等专业学校，都要按照社会主义现代化事业的需要和各自的分工，修订教学计划，担负起对干部进行正规化培训的任务。所有在编制内的工作人员，都要分批分期参加轮训。轮训以后，根据结合实际的考核，可以对他们的工

① 中共中央文献研究室编：《十二大以来重要文献选编》（上），中央文献出版社 2011 年版，第 43 页。

②③ 中共中央文献研究室编：《十二大以来重要文献选编》（上），中央文献出版社 2011 年版，第 44 页。

作作相应的调整。普遍轮训干部是提高干部素质的一项重要的战略措施。全党同志和全体干部，都要充分认识现代化建设的需要，积极参加学习。这样的部署安排，就把干部学习教育提到一个很高的位置，有利于把干部的学习积极性、主动性调动起来。

第三，加强党在工人、农民、知识分子中的工作，密切党同群众的联系。大会报告鲜明指出，“我们党之所以有力量，就因为党代表着最广大人民的利益”①。这就指出了中国共产党的力量之源、执政之基。事物都是辩证的，党在国家生活中的领导地位，决定了党的活动同广大人民的利害得失关系极大，而这种地位又很容易使党员特别是党的干部产生脱离群众的危险。这就要求我们更加自觉地去保持和发扬党的群众路线的优良传统，切实加强党同各阶层人民的密切联系。在此基础上，提出了加强党对工人、农民、知识分子的工作，特别提出“从现在起，必须大大加强党在生产第一线的工作，动员符合条件的党员到生产第一线，同时吸收具备党员条件的优秀工人入党”②；“加强对不同地区、不同年龄的农民的思想教育”③；“必须特别重视充分发挥知识分子的作用，并针对他们的特点改善对他们的思想政治教育，注意在他们当中积极吸收具备入党条件的人入党”④。此外，报告还对加强青年、妇女工作进行了部署。

第四，有计划有步骤地进行整党，使党风根本好转。针对党的十一届三中全会以来党内存在的各种问题、面临的新形势，党的十二大决定开展整党，并就此作出了部署。大会报告在肯定党的建设工作的基础上，对党内存在的问题进行了归纳分析，指出“由于十年内乱的流毒至今还没有完全肃清，也由于在新的情况下各种剥削阶级思想的腐蚀作用有所增长，目前我们党确实存在思想不纯、作风不纯和组织不纯的问题，党风还没有根本好转。一些党组织领导工作中的软弱涣散现象还严重存在。一些基层组

---

① 中共中央文献研究室编：《十二大以来重要文献选编》（上），中央文献出版社 2011 年版，第 44—45 页。

②③④ 中共中央文献研究室编：《十二大以来重要文献选编》（上），中央文献出版社 2011 年版，第 45 页。

织缺乏应有的战斗力，甚至陷于瘫痪状态。有少数党员和干部，或者对工作极不负责，官僚主义严重；或者生活特殊化，利用职权谋取私利；或者闹无政府主义、极端个人主义，破坏党的组织纪律；或者顽固地进行派性活动，严重损害党的利益。个别党员和干部甚至堕落到贪污腐化，营私舞弊，进行严重的经济犯罪活动。还有林彪、江青反革命集团的极少数残余分子窃据着某些领导职位，伺机兴风作浪”①。这些现象不仅严重地损害了党的威信，也为开展整党指明了靶向。

大会报告充分吸收了邓小平、陈云等中央领导关于党风的重要论述，强调“党风问题是关系执政党生死存亡的问题”。为了使党风根本好转，中央决定从 1983 年下半年开始，用三年时间分期分批对党的作风和党的组织进行一次全面整顿。大会报告强调，这无疑是我们党的一件头等大事，必须十分慎重地对待，十分周到地准备，有计划、有步骤地进行。做好这项工作的中心一环，是在党内普遍地深入地进行一次思想教育。要结合学习和执行十二大报告和新党章，学习《关于建国以来党的若干历史问题的决议》和《关于党内政治生活的若干准则》，对全党进行关于马克思列宁主义、毛泽东思想基本理论的教育，关于共产主义理想和党的路线方针政策的教育，关于党的基本知识和共产党员标准的教育。要着重使每一个党员认清党的性质、地位和作用，认清一切党员都只有勤勤恳恳为人民服务的义务，而没有任何利用职权占国家的“便宜”和群众的“便宜”的权利。在组织领导方面，要由领导机关和领导干部带头，自上而下地整顿好各级领导班子，然后再领导下级组织和基层组织进行整顿。决不容许坏人利用机会诬陷好人和打击好人。要继承和发扬延安整风的精神，本着“惩前毖后，治病救人”和“既要弄清思想又要团结同志”的方针，开展认真的批评和自我批评，并采取适当方式听取党外群众的意见。最后，要进行党员登记，严格按照新党章的规定，把那些经过教育仍然不合格的党员开除出党或者劝其退党。同时，还要切实改进各级党组织的领导状况，提出加强和改善党的领导

---

① 中共中央文献研究室编：《十二大以来重要文献选编》（上），中央文献出版社 2011 年版，第 47 页。

的具体办法。从大会后整党的实际看，通过这次整党，党内政治生活进一步正常化，不正之风得以切实纠正，党同群众的密切联系大大加强。

7. 为完成祖国统一的神圣使命而努力奋斗

大会在总结过去经验基础上，按照中央关于20世纪80年代重点工作的部署，对推进祖国统一大业作出了前瞻性、现实性安排。

大会报告明确“需要着重指出：我们党还面临一项重大的历史任务，就是要同全体爱国同胞携手合作，为完成祖国统一的神圣使命而努力奋斗”①。众所周知，“台湾是祖国的神圣领土，台湾人民是我们的骨肉同胞。台湾回到有五千年历史、十亿人口、九百六十万平方公里面积的不可分割的伟大祖国的怀抱，是全国同胞的共同要求，是历史发展的必然归宿，任何党派和个人都无法抗拒。这是中国的内政，任何外国无权干预。我们希望台湾同胞、港澳同胞和国外侨胞督促国民党当局，审时度势，以国家前途民族大义为重，不要执迷不悟，及早举行国共两党的谈判，共同促进祖国和平统一大业的实现”②。

大会报告既总结了党的十一届三中全会以来的做法、经验，又从经济、政治、文化、外交、党建等方面对未来工作进行了部署，明确了我们未来的伟大任务，是党的历史上的一篇重要文献，也受到了大会代表的高度赞同。

9月2日至4日，党代表们用了三天时间，就大会报告进行了热烈讨论，大家在讨论中畅所欲言，心情舒畅，会议气氛十分活跃。9月5日下午，大会主席团举行会议。胡乔木就代表们在分组讨论中对十一届中央委员会报告和《中国共产党章程》草案所提出的建议和意见以及据此对报告和党章草案进行修改的情况作了说明。会议通过了关于十一届中央委员会

---

① 中共中央文献研究室编：《十二大以来重要文献选编》（上），中央文献出版社2011年版，第48—49页。

② 中共中央文献研究室编：《十二大以来重要文献选编》（上），中央文献出版社2011年版，第49页。

报告的决议草案和《中国共产党章程》的决议草案，并且决定将这两个决议草案提请大会通过。会议还决定将主席团提出的中央委员会、中央顾问委员会和中央纪律检查委员会候选人酝酿名单提交全体代表讨论。

9月6日下午，举行全体会议。中国共产党第十二次全国代表大会决定，批准胡耀邦同志代表党的十一届中央委员会所作的报告。大会认为，十一届三中全会以来的路线、方针和政策是正确的，工作是卓有成效的。大会认为，报告提出的全面开创社会主义现代化建设新局面的正确纲领和一系列方针政策，应当成为今后党的各项工作的基本依据。大会决议指出，从党的这次代表大会到下次代表大会的五年间，全党要力争实现国家财政经济状况的根本好转，社会风气的根本好转，党风的根本好转。为此，必须采取一系列重要措施，特别是要进行机构改革和经济体制改革，实现干部的革命化、年轻化、知识化、专业化；在建设社会主义物质文明的同时，建设社会主义精神文明，发展社会主义民主和加强社会主义法制；打击经济领域和其他领域的一切严重犯罪活动；整顿党的作风和党的组织。大会号召，全党同志在十二届中央委员会的领导下，团结全国各族人民，高举马克思列宁主义、毛泽东思想的伟大旗帜，振奋精神，坚韧不拔，为全面开创社会主义现代化建设的新局面而努力奋斗！

在9月6日的大会上，叶剑英、陈云分别讲话。他们表示赞成邓小平的开幕词、胡耀邦作的政治报告，对党章也表示满意，并着重讲了干部新老合作交替问题。

（三）党的十二大的选举

9月8日下午，大会主席团会议召开，对中央委员会、中央顾问委员会和中央纪律检查委员会的委员进行预选。9月9日上午，大会主席团举行会议，根据预选结果，确立三个委员会候选人正式名单，还通过了《关于中央纪律检查委员会工作报告的决议（草案）》。9日下午，各代表团举行分组会议，审议主席团提出的候选人名单。

10日和11日上午，举行全体会议，进行中央委员、中央顾问委员会委员的选举。大会经过充分酝酿和民主选举，选出了由210名中央委员和138名候补中央委员所组成的第十二届中央委员会，同时选出了由委员172人组成的中共中央顾问委员会和由委员132人组成的中共中央纪律检查委员会。新一届中央委员、候补中央委员中，新当选的有211人，占总数近61%，年龄在60岁以下的有171人，具有大专学历以上的有122人，年龄最小的只有39岁。十二届中央委员会充分体现了党的十一届三中全会以来干部革命化、年轻化、知识化、专业化的要求。三个委员会的产生，体现了党和国家领导制度的改革要求，贯彻了干部新老合作交替的原则，为全面开创社会主义现代化建设新局面提供了组织保证。

9月11日，中国共产党第十二次全国代表大会批准中央纪律检查委员会的工作报告，并对中央纪律检查委员会自十一届三中全会选举成立以来所进行的大量工作表示满意。大会要求，中央和地方各级纪律检查委员会按照新党章的规定和胡耀邦在大会上的报告，进一步加强纪律检查工作，并且要求各级党委和全体党员进一步加强党的纪律，整顿党的作风和党的组织，一致行动起来，为实现党风的根本好转而奋斗。

在党的十二大闭幕式上，李先念致闭幕词。李先念指出，这次代表大会，经过充分民主的讨论，一致同意胡耀邦同志代表党的第十一届中央委员会所作的报告，并通过了相应的决议。党中央的报告，运用马克思列宁主义、毛泽东思想的基本原理，总结了六年来特别是十一届三中全会以来我国各条战线拨乱反正所取得的伟大胜利，分析了我国当前的政治和经济形势，提出了全面开创社会主义现代化建设新局面的方针任务。我们相信，坚定地沿着十二大指引的方向前进，我们党所领导的中国人民的社会主义事业，必将取得新的伟大胜利。

这次代表大会，经过全体代表的认真审议，一致通过了新党章。这个党章清除了十一大党章中“左”的错误，继承和发展了党的七大和八大党章的优点。它是党的历史经验和集体智慧的结晶，是在新的历史时期加强党的思想建设和组织建设的强大武器。应当指出，制定新党章还是比较容易的，严格地将它在全党贯彻执行就不是那么容易了。我们必须进行严肃认真的思想教育工作和组织工作，坚决按照党章的要求在全党整顿党的作风和党的组织，并且同一切违反党章的言论和行动作斗争，使共产党员真正成为人民群众的表率，把我们的党真正建设成为领导社会主义现代化事业的坚强核心。

这次代表大会，经过充分的酝酿和民主选举，产生了新的中央委员会。同时，选出了中央顾问委员会和中央纪律检查委员会。这样，十二大提出的方针任务的实现，就有了组织上的重要保证。在新的中央委员会中，既有久经考验的老同志，又充实了一大批比较年轻的同志。他们必将能够紧密团结，亲密合作，使新的党中央成为更加坚强的战斗指挥部。新设立的中央顾问委员会是由许多德高望重的老同志组成的，它一定会在政治上成为党中央的很好的助手和参谋，并在党的事业中发挥传帮带的作用。中央纪律检查委员会由党的全国代表大会选举产生，它的责任更加重大了。它对贯彻执行新党章，维护党的纪律，保持党的共产主义纯洁性，都要起到重要的作用。在这里，我还要代表大会主席团特别是老同志，向新选进中央领导机构的中青年同志表示热烈欢迎。希望他们戒骄戒躁，谦虚谨慎，刻苦学习，勇敢地把党交给自己的任务担当起来，并且在工作中做出优异的成绩。

李先念说，从这次代表大会到下次代表大会的五年间，我们党的工作做得怎么样，这对于新时期总任务的实现，将发生关键性的作用。这次大会提出，在这五年间要实现三个根本好转，就是财政经济状况的根本好转，社会风气的根本好转，党风的根本好转。同时，我们还要同台湾同胞、港澳同胞和国外侨胞一起，促进祖国统一的大业。要同全世界人民一起，为维护世界和平而斗争。这是十分严肃十分艰巨的伟大的战斗任务，我们决不能有丝毫的松懈。这次大会结束后，我们一定要紧张地动员起来，在全党和全国各族人民中广泛深入地宣传十二大精神，组织全体共产党员、共青团员、工人、农民、知识分子、解放军指战员、干部和一切爱国公民认真学习十二大报告和新党章，认真学习邓小平同志的开幕词和叶剑英同志、陈云同志的重要讲话，使大会提出的方针任务家喻户晓，深入人心，同时要结合各地方、各部门的具体情况，采取切实有效的措施，扎扎实实地贯彻执行。

李先念提出，在我们为实现十二大提出的各项战斗任务而努力奋斗的过程中，我们一定要进一步加强全党的大团结，进一步加强全国各族人民的大团结。我们的伟大的社会主义事业，正在沿着马克思主义的正确航道胜利前进。我们相信，只要我们紧密地团结在党中央委员会的周围，振奋精神，埋头苦干，就一定能够驾驶我国革命和建设的巨轮，一步一步地达到我们伟大的目标。①

9 月 12 日至 13 日，党的十二届一中全会举行。全会选举出的中央政治局委员（按姓氏笔画排列）有万里、习仲勋、王震、韦国清、乌兰夫、方毅、邓小平、邓颖超、叶剑英、李先念、李德生、杨尚昆、杨得志、余秋里、宋任穷、张廷发、陈云、赵紫阳、胡乔木、胡耀邦、聂荣臻、倪志福、徐向前、彭真、廖承志，选举姚依林、秦基伟、陈慕华为中央政治局候补委员。

选举胡耀邦、叶剑英、邓小平、赵紫阳、李先念、陈云为第十二届中共中央政治局常委。

选举胡耀邦为中央委员会总书记，选举万里、习仲勋、邓力群、杨勇、余秋里、谷牧、陈丕显、胡启立、姚依林为中央书记处书记，选举乔石、郝建秀为中央书记处候补书记。

全会决定邓小平为中央军事委员会主席，叶剑英、徐向前、聂荣臻为副主席，杨尚昆为常务副主席。

全会批准邓小平为中央顾问委员会主任，陈云为中央纪律检查委员会第一书记。

9 月 13 日下午四点半，胡耀邦、叶剑英、邓小平等中央领导人，在人民大会堂新疆厅，集体接见了在党的十二大上新当选的 39 名年轻的中央委员和候补中央委员。这批人都具有现代化知识，精通自己的专业。正像当

① 中共中央文献研究室编：《十二大以来重要文献选编》（上），中央文献出版社 2011 年版，第 83—85 页。

时一篇报道评论的那样：这不是一次普通的会面，也不是一般的接见。大家都沉浸在无比温暖的气氛中。老一辈的无产阶级革命家，这些多少年来指引着中国这艘巨大航船破浪前进的中国革命的舵手们，今天一个个满面春风，拉着走到自己面前的每一位同志的手。这是我们党新老合作和交替的握手，是老一辈无产阶级革命家传革命火炬的握手，是党对中青年干部寄予无限希望的握手[①]。

党的十二届一中全会结束时，中央领导同志同出席、列席全会的同志们、全体党的十二大代表和候补代表1700多人合影。党的十二大圆满闭幕。

党的十二大的成功召开，标志着全面拨乱反正的结束和全面开创社会主义现代化建设新局面的开始，中国的改革开放和社会主义现代化建设事业从此进入一个新的发展阶段。

在党的十二大闭幕后，邓小平曾指出："从十一届三中全会到十二大，我们打开了一条一心一意搞建设的新路。"[②]这既是对党的十二大之前党六年多拨乱反正的高度肯定，也是对党的十二大制定的路线方针政策的高度认可。

---

① 中共中央文献研究室编：《陈云传》（下），中央文献出版社2005年版，第1712页。

② 《邓小平文选》第3卷，人民出版社1993年版，第11页。

第四章　党的十二大修改党章

作为以“全党名义所确认的、包括纲领和章程的基本文献”[①]，中国共产党章程只有通过党代会对它进行修订与完善，才能不断发挥党内根本大法以规范全党的职能。1982 年 9 月 1 日至 11 日，中共十二大审议并通过的《中国共产党章程》，以“建党以来最好的党章”[②] 载入党章的光辉历程。

一、党的十二大修改党章的准备

“文化大革命”结束后，邓小平指出“现在摆在我们面前的迫切问题，是要恢复党的战斗力”[③]。恢复党的战斗力的一个重要举措就是修改党章。通过党章对全党进行教育，以保持党的优良传统作风，改善党的组织、党的领导工作和领导制度，这是党保持凝聚力和战斗力的一条重要经验。中共九大、十大党章集中反映了党的政治建设、思想建设、组织建设所受到的严重破坏。1977 年 8 月，党的十一大审议通过的党章，大量修改了十大党章，对揭批“四人帮”和动员全党建设社会主义现代化起到一定的积极作用。然而，由于当时各种条件所限，党的十一大没有能够彻底纠正“文化大革命”的错误理论、方针和政策，也未能从党的指导方针上完成拨乱反正的伟大转折。因此，党的十一大审议的党章也未能彻底清除九大和十大党章中的“左”的重大错误和缺陷，无法适应新时期党领导社会主义现代化建设的需要。

① 叶笃初:《党章的修订与完善》,《瞭望》2002 年第 30 期。

② 《人民日报》1982 年 9 月 10 日。

③ 《邓小平文选》第 2 卷，人民出版社 1994 年版，第 268 页。

国情党情的变化需要修订党章。粉碎“四人帮”以后，中国共产党彻底纠正“文化大革命”及其之前的“左”的错误，迅速完成拨乱反正，成功开创改革开放新时期。新时期，党和国家更加强调民主法制建设和党内制度建设，这为党章的修改创造了良好的党内环境与政治氛围。同时，党的理论创新、现代化建设的顺利启动等反映着党和国家正在经历前所未有的伟大历史性转变。这也需要党章与时俱进，以便从党内大法的高度保证全党在政治、思想上的一致和组织、行动上的统一。

以邓小平同志为核心的中央领导集体高度重视党章修订工作。他组织起草了中共全国执政后的第一部党章，在党的八大上作修改党章的说明。进入改革开放新时期，邓小平恢复和发展了实事求是的思想路线，带头推动党和国家领导制度的改革，为社会主义法制建设作了积极探索。作为第二代中央领导集体的核心，邓小平非常重视党章的地位和作用。他在 1978 年 12 月就指出：“国要有国法，党要有党规党法。党章是最根本的党规党法。没有党规党法，国法就很难保障。”他在 1980 年 1 月举行的中央召集的干部会议上说，“中央正在考虑修改党章。九大、十大搞的党章，实际上不大像党章，党员有些什么权利和义务，究竟怎么样才算个共产党员，不合条件怎么办，都没有规定好，需要修改。对党员的要求一定要严格。我们需要通过讨论党章草案，对全党进行教育，然后在十二大正式通过党章。”① 在此基础上，邓小平在十一届五中全会上进一步阐述了对党章修订的基本看法：“修改党章是要进一步明确党在四个现代化建设中的地位和作用。执政党应该是一个什么样的党，执政党的党员应该怎样才合格，党怎样才叫善于领导？在解决这些问题方面，参加讨论的同志都反映，党章修改草案是有特色的，比较好的。这不是说它已经很完善。也许还要经过几次修改才能完善。修改草案中关于我们党的政治路线的表述中增加了高度民主、高度文明的内容，这比以前的提法更周到些，不过句子还太长。语句简短一点好记。但是不管怎样表述，实质是搞四个现代化，最主要的是

① 《邓小平文选》第 2 卷，人民出版社 1994 年版，第 269 页。

搞经济建设，发展国民经济，发展社会生产力。”① 显然，这为中国共产党即将召开的十二大和对党章的修订提供了很好的遵循。

为修订党章做了一些准备工作。1979 年冬天，在中共中央政治局常委的领导下，中央组织部、中央党校和中央办公厅研究室等单位调集一批干部多次举行座谈，并到全国各地去进行调查，征求意见，拟出一个党章草稿。1980 年 1 月 21 日，邓小平在中央政治局会议上，就党章的修改问题发表谈话指出：“党章修改草案提交五中全会讨论后，也要发下去，用半年左右的时间，对全体党员进行教育。将来整党势必重新登记党员，这很麻烦，工作量很大。党章对党员的义务和权利要有明确规定。要用党章规定的条件来衡量党员合格不合格，能履行党员义务的叫合格。党员要按党章办事，不能谋取私利，不能有超越党员以外的权利。现在党章有些条文规定得不明确，不足以反映当前存在的问题，因此规定必须明确。”② 于是，中央决定正式开始修改党章。为了加强对党章修订工作的领导和协调，中共中央决定专门成立党章修改小组，由邓小平、胡耀邦主持，胡乔木具体负责党章起草工作。党章修改草案第一稿形成后，于 1980 年 2 月提交中共十一届五中全会讨论。会后又根据全会讨论的意见，作了第一次修改。同年 4 月，由中共中央书记处发给全党讨论，并发给部分党外人士征求意见。同年 5 月，党章修改小组进行了第二次修改。同年 6 月，发给各省、自治区、直辖市和各大军区、中央党政军各部门的党组织及全体党的十二大代表征求意见。7 月，又进行了第三次修改并提交党的十一届七中全会讨论。此后，党章修改稿提交给党的十二大讨论。

二、党的十二大修改党章的主要创新点

以“适应社会主义现代化建设新时期的特点和需要，针对党的现状，提出党员和党的干部的更严格的要求，提高党组织的战斗力，坚持和改善

---

① 《邓小平文选》第 2 卷，人民出版社 1994 年版，第 276 页。

② 中共中央文献研究室编：《邓小平年谱（1975—1997）》（上），中央文献出版社 2004 年版，第 595 页。

党的领导，把党建设成为领导社会主义建设的坚强核心”① 为指导思想，根据“适应新的历史时期的特点和需要，对党员提出更严格的要求，提高党组织的战斗力，坚持和改善党的领导”② 这些修改党章的总的原则，党章修改小组根据多方面的意见建议，将党章扩充为10章50条。

修改党章主要从以下三个方面进行：一是对全体党员、党的干部和基层组织分别提出了比过去历次党章更为严格的要求，新增加了干部一章，对干部提出了比一般党员更高的要求。二是对党的民主集中制和集体领导的原则规定得比过去更为系统和全面，强调凡属重大问题都要由党的委员会经民主讨论后作出规定，禁止任何形式的个人崇拜；在党纪方面，也作了比较严格的规定。三是对完善党的中央和各级地方组织的体制、对加强党的纪律和纪律检查机关、对加强基层党的组织的建设，都作了新规定。

党的十二大党章继承了党的七大、八大党章的优点。由于党的七大和八大党章是在党的指导思想比较正确、党内生活比较健康的情况下制定的，因而这两个党章反映了当时的党领导革命和建设的实际情况，具有很高的科学性权威性。比如：党的八大党章规定党的总任务是领导社会主义经济建设；党的一切工作的根本目的是满足人民物质生活和文化生活的需要；在执政党的建设方面，提出了发扬党的优良传统、提高党的战斗力、保持党的统一、实行群众路线、开展批评与自我批评、坚持民主集中制原则等，规定的都比较详细和鲜明。这些优点都为党的十二大党章所继承，并有新的发展。同时，党的十二大党章清理了九大、十大、十一大党章中一些“左”的表述，删除了“无产阶级专政下继续革命”的理论，以及把“死不改悔的走资本主义道路的当权派”开除出党等不正确的提法。这些错误的理论和提法，在党的十一届六中全会通过的《关于建国以来党的若干历史问题的决议》中，已经作了比较系统的清理。显然，党的十二大党章正是

---

① 《胡乔木同志就党章修改问题答新华社记者问》，《中国共产党第十二次全国代表大会文件汇编》，人民出版社1982年版，第240页。

② 《人民日报》1982年9月8日。

按照这个历史决议的精神进行了必要且原则性的修改。

同时，党的十二大党章的总纲比较完整地、科学地概括了党的性质和根本的指导思想、党的最终奋斗目标和当前目标、国内主要矛盾和党的总任务，并对党员、干部和党的各级组织的基本要求等，都作了新的概括和鲜明的表述。关于党的性质和指导思想，规定为："中国共产党是中国工人阶级的先锋队，是中国各族人民利益的忠实代表，是中国社会主义事业的领导核心。党的最终目标，是实现共产主义的社会制度。""中国共产党以马克思列宁主义、毛泽东思想作为自己的行动指南。"① 这些表述符合过去党章对党的性质的一贯表述，也符合实际情况。关于中国社会的主要矛盾和党的总任务，党的十二大党章吸取了"文化大革命"的经验教训，改变了党的九大、十大和十一大党章关于阶级矛盾和阶级斗争的提法，清除了在我国社会主义社会"文化大革命"还要进行多次等"左"倾内容，恢复了党的八大关于我国社会主要矛盾的正确提法，并加以重新表述："在剥削阶级作为阶级消灭以后，我国社会存在的矛盾大多数不具有阶级斗争的性质，阶级斗争已经不是主要矛盾……我国社会的主要矛盾是人民日益增长的物质文化需要同落后的社会生产之间的矛盾。"② 党的十二大党章把党在现阶段的总任务，即党的十二大报告中提出的新时期的总任务，写进了总纲，作为社会主义现代化建设的指导方针："中国共产党在现阶段的总任务是：团结全国各族人民，自力更生，艰苦奋斗，逐步实现工业、农业、国防和科学技术现代化，把我国建设成为高度文明、高度民主的社会主义国家。"③ 在总纲的最后，规定了党的领导作用的基本原则，说明了党的领导在国家生活和人民生活中的地位，这些同宪法修改草案的有关内容相一致，即党是国家和人民的领导力量，但党并不凌驾于国家和人民之上，党是在宪法

① 中共中央文献研究室编：《十二大以来重要文献选编》（上），中央文献出版社 2011 年版，第 53 页。

② 中共中央文献研究室编：《十二大以来重要文献选编》（上），中央文献出版社 2011 年版，第 54—55 页。

③ 中共中央文献研究室编：《十二大以来重要文献选编》（上），中央文献出版社 2011 年版，第 55 页。

和法律的范围内进行工作。这些规定坚持了党的十一届三中全会以来的路线、方针、政策，同时也体现了中国共产党对于社会主义本质、国情、工作重心和主要矛盾及对自身建设的认识，提高到了一个新的境界。

党的十二大党章实现了对旧党章的拨乱反正，奠定了现行党章的基本结构和规范，在许多方面都表现出了创新特点。

一是开创了改革开放以来的党章布局。党的十二大党章形成的比较科学的结构系统，一直延续至今。第一，关于党章的总纲。主持党章起草工作的胡乔木指出，党的十二大党章“首先是有了一个内容比较充实的总纲（像七大以来的历次党章的‘总纲’一样，它实际上是党的最简要的基本纲领），比较完整地、简明扼要地概括了党的性质，党的长远目标，当前目标，党对党员和党组织的基本要求以及党的领导作用的基本原则”①。这说明，党的十二大党章在继承七大党章的基础上，第一次完整地科学地建构了总纲的结构，较好地展现出最高纲领、最低纲领和具体纲领的有机联系。第二，新增了党的干部一章，对党的各级领导干部的政治、思想、知识和专业素质提出了比党员更高的要求。第三，形成了较为确定的党章条文结构。根据党的建设的现实状况和要求，党的十二大党章在党的七大、八大党章条文结构的基础上进行继承与发展，形成了“党员、党的组织制度、党的中央组织、党的地方组织、党的基层组织、党的干部、党的纪律、党的纪律检查机关、党组、党和共产主义青年团的关系”的排序结构。从之后的党的十三大至党的十九大党章来看，无论是总纲还是条文结构，党章的布局一直比较稳定，应该说党的十二大党章开创了改革开放以来党章的总体布局。

二是第一次明确规定党的思想路线。作为党制定路线方针政策的出发点，思想路线正确与否是党的事业和党的建设成功与否的关键。以毛泽东同志为主要代表的中国共产党人在新民主主义革命斗争实践和探索中国革命独特道路中逐渐形成了“实事求是”的思想路线。党的七大通过的党章

① 《胡乔木文集》第2卷，人民出版社2021年版，第197页。

明确将“以马克思列宁主义的理论与中国革命实践之统一的思想——毛泽东思想，作为自己一切工作的指针，反对任何教条主义的或经验主义的偏向”[①]，这标志着实事求是的思想路线在党内有了根本的法规依据。毛泽东在党的八大开幕式上强调“把马克思列宁主义的理论和中国革命的实践密切地联系起来”[②]，将其作为中国共产党一贯思想原则。

改革开放新时期是在批判“两个凡是”、开展真理标准问题大讨论基础上开启的。邓小平支持和领导了实践是检验真理的唯一标准的大讨论，冲破了思想禁锢，强调“毛泽东思想的基本点就是实事求是，就是把马列主义的普遍原理同中国革命的具体实践相结合”[③]。在中央工作会议上，他鲜明提出：“只有解放思想，坚持实事求是，一切从实际出发，理论联系实际，我们的社会主义现代化建设才能顺利进行，我们党的马列主义、毛泽东思想的理论也才能顺利发展。”[④]党的十一届三中全会充分肯定了他的观点。1980 年 2 月，他全面而扼要地阐释了党的思想路线：“马克思、恩格斯创立了辩证唯物主义和历史唯物主义的思想路线，毛泽东同志用中国语言概括为‘实事求是’四个大字。实事求是，一切从实际出发，理论联系实际，坚持实践是检验真理的标准，这就是我们党的思想路线。”[⑤]在此基础上，1982 年 9 月，党的十二大修改通过的党章将党的思想路线完整表述为“一切从实际出发，理论联系实际，实事求是，在实践中检验真理和发展真理”。这说明，党的思想路线不但得以恢复，而且在党章里得以明确，体现了我们党对思想路线的高度重视。

三是第一次写入了入党誓词。入党誓词是党员对党作出的庄严承诺，凝结了党员对党应履行的责任与义务。早在世界上第一个共产党的党章即《共产主义者同盟章程》中，就对入党誓词作过规定。那时的誓词采取

① 《中国共产党历次党章汇编（1921—2017）》，中国方正出版社 2019 年版，第 149 页。

② 中共中央文献研究室编：《建国以来重要文献选编》第 9 册，中央文献出版社 2011 年版，第 31 页。

③ 《邓小平文选》第 2 卷，人民出版社 1994 年版，第 126 页。

④ 《邓小平文选》第 2 卷，人民出版社 1994 年版，第 143 页。

⑤ 《邓小平文选》第 2 卷，人民出版社 1994 年版，第 278 页。

了19世纪欧洲很流行的一种体裁，由支部负责人向被接受入盟的盟员首先宣读章程的全文，然后提出五个具体问题：（1）你是否确信财产共有制的原理是真理？（2）你是否认为有必要成立一个强有力的同盟以便尽早实现这些原理，并且你愿意加入这样一个同盟？（3）你是否愿意承担义务，始终不渝地以言语和行动为传播财产共有制的原理并促其在实践中得到实现而努力？（4）你是否承担义务保证不泄露有关同盟的存在及其一切机密？（5）你是否甘愿服从同盟的决议？那么请向我们许下诺言作为保证。[①] 当被问的人一一答复说"是的"，并许下诺言作为保证后，才宣布他作为盟员。作为世界上第一个无产阶级政党和第一个解放全世界劳苦大众的入党誓词，《共产党宣言》及建党原则对中国共产党的建党思想产生了深刻影响，因而它的誓词中的优秀思想也被中国共产党的入党誓词所吸收。

1921年，中国共产党诞生。在建党初期，党在章程中只是对党员入党资格、条件和手续进行了说明，并未规定誓词。五卅运动后，上海地区党员人数剧增，党组织活动日益频繁。为规范入党仪式，上海党组织决定采用宣誓环节。《上海区委通告枢字第二号——介绍同志入党及入党仪式问题》（1925年8月29日）指出，经过五卅运动，上海新增加的党员有700名左右，但"必须依旧努力继续发展"，"此乃非常重要"。该通告要求以后新党员"加入时必须按照所颁仪式执行"，其中，被介绍人要求应当宣誓"严守秘密，牺牲个人，阶级斗争，实行革命，服从纪律，誓不背党"[②]，这应当被看作最早的、比较规范的入党誓词。1926年，刚从学校肄业的王首道被选送到毛泽东在广州主办的第六届农民运动讲习所学习。据王首道回忆，这一年他在农讲所入党时的誓词为"服从纪律，牺牲个人；努力革命，阶级斗争；严守机密，永不叛党"[③]。1927年10月，毛泽东主持入党宣誓仪式，带领新党员宣读入党誓词："牺牲个人，阶级斗争，服从组织，严守秘

① ［苏］米·伊·米哈伊洛夫：《共产主义者同盟》，生活·读书·新知三联书店1976年版，第371页。

② 《上海革命历史文件汇集 中共上海区委文件（1925—1926）》，中央档案馆、上海档案馆1986年版，第3—4页。

③ 《王首道回忆录》，解放军出版社1988年版，第35页。

密，永不叛党”[①]。这是现有资料中发现的比较确定的具有代表性的入党宣誓仪式。1940 年第 4 期的《共产党人》提出入党仪式对于开展党员入党教育具有不可替代的作用，通过仪式感可以提升新党员的党性修养，并规定在入党仪式上要有入党宣誓环节。刊登的誓词内容为：“我宣誓：一、终身为共产主义事业奋斗；二、党的利益高于一切；三、遵守党的纪律；四、不怕困难，永远为党工作；五、要做群众的模范；六、保守党的秘密；七、对党有信心；八、百折不挠，永不叛党。”[②]这是已知文献中最早出现的中共中央组织部规定的入党誓词文本，具有一定的权威性，为当时的入党宣誓仪式规定了标准誓词内容，指导和规范了当时的入党宣誓仪式和内容。新中国成立初期，虽然入党誓词还没有统一，但在一些地方已经使用了中央组织部制定的入党誓词。根据吴修申考证，1949 年 11 月填写的一份入党志愿书印有入党誓词：“我志愿加入中国共产党，承认党纲、党章，遵守党的纪律，服从党的决议，学习马列主义、毛泽东思想，努力提高自己的觉悟，积极工作，精通业务，全心全意为人民服务、不屈不挠，为共产主义事业奋斗到底！”[③]这说明，中央组织部制定的入党誓词在一些地方获得认可度，但还处于不统一的状态。党的八大修订的党章提出了入党程序的新要求，即加强对发展党员工作的管理，严格发展党员的工作流程，要求党的基层组织党支部及其上一级党组织加强对转正党员的政治审查工作，但党的八大党章并没有对入党誓词和入党仪式作出相关规定。这说明，党的十二大以前，中国共产党党纲和章程对入党誓词没有作统一的规定。1982 年，党的十二大通过的党章在党的历史上第一次对入党誓词作了统一规定，要求预备党员必须向党旗入党宣誓，其誓词为：“我志愿加入中国共产党，拥护党的纲领，遵守党的章程，履行党员义务，执行党的决定，严守党的纪律，保守党的秘密，对党忠诚，积极工作，为共产主义奋斗终身，随时

---

① 中共中央文献研究室编：《毛泽东年谱（1893—1949）》（上）（修订本），中央文献出版社 2013 年版，第 222 页。

② 王为衡：《中国共产党入党誓词的沿革》，《党的文献》2011 年第 4 期。

③ 吴修申：《中国共产党入党誓词再考证——对王建华〈中国共产党各时期入党誓词考证〉一文的补充》，《中共党史研究》2012 年第 6 期。

准备为党和人民牺牲一切，永不叛党。”[①] 这是党的历史上第一次明确规定预备党员必须面对党旗进行入党宣誓，并首次以党章的形式把誓词内容固定下来。此后，入党誓词内容未作任何改动。

四是对党的组织机构和制度进行了创新改革。党的十二大党章在修改过程中规定：党中央只设置总书记一职，取消过去主席、副主席的职位设置；总书记负责中央政治局会议、中央政治局常委会议的召集工作和中央书记处的主持工作；制度的调整主要是考虑到主席制度和总书记制度如若并存实无必要，尤其是由一人身兼主席、书记两职时。党的十二大党章对各级党组织的体制方面也有一些新规，特别是在中央设立中央顾问委员会以发挥中央委员会的政治助手和参谋的作用，以及在省、自治区、直辖市设立顾问委员会，对解决中国共产党各级领导机构的新老交替，废除党和国家领导职务终身制具有重要意义，是党的历史上的首创。[②]

此外，党的十二大党章还完整概括了党员必须履行的八项义务，党的建设的三项基本要求即“思想上政治上的高度一致”“全心全意为人民服务”“坚持民主集中制”，明确规定了党的纪律及其检查机关、党组、党与共青团关系等，在内容上呈现出诸多创新式发展与推进。

总之，党的十二大党章第一次全面回答了党的性质、指导思想、现阶段的主要矛盾、总任务等基本问题，成为党发挥社会主义现代化建设坚强领导核心的重要保证，为此后党章修订切实提供了有效的基本遵循和重要指导。

三、党的十二大党章的历史价值

在历史性转折时期形成的十二大党章，汲取党60余年奋斗的经验教训，不仅为从严管党治党提供了党内最重要的法规，还为今后的改革开放和社会主义现代化建设提供了制度保障，具有重要的历史作用和价值。

① 《中国共产党历次党章汇编（1921—2017）》，中国方正出版社2019年版，第334页。

② 《中国共产党历次党章汇编（1921—2017）》，中国方正出版社2019年版，第340、343、360页。

一是为坚持改革开放新时期党的领导提供明确规范。作为改革开放新时期的第一部中国共产党章程，党的十二大党章对新时期党的各项政治生活具有根本性的规范和指导作用。第一，党的十二大党章调节了改革开放新时期的党内关系。作为党的根本大法，党的十二大党章对党内关系，包括党员之间、党的不同组织之间、党员个人同党组织之间的调节起着最为直接和深刻的作用。尤其是对民主集中制以及其他体现民主集中制精神的党内行为，对协调党内关系，统一全党行动，建立良好有序的党内秩序起着重要的规范和保障作用。第二，对党员及党组织行为的规范作用。党的十二大党章通过对党组织及党员的权利保障和权力制约，维护了党的组织纪律；明确规定了党组织及个人的工作制度和职责权限，使民主权利和义务得以法律化、制度化。党章是党员、党组织行使权利、履行义务的“护身符”和法规依据；党章又有一套系统，科学的规章制度对党员、党组织的权力运行起到民主监督和制约作用，为党内监督提供了制度和组织保障。第三，党的十二大党章明确规定了党有关政治、思想、组织等方面的一系列基本准则，是改革开放新时期党各项活动的基本依据，同时也对全党的组织机构和党员给以约束，保证了全党在政治、思想、组织、作风上的一致，为坚持和改善党的领导创造了条件。

二是对国家和党内政治生活起着引领作用。党章对国家政治生活的引领作用主要是通过执政党——中国共产党发挥作用的。党的十二大党章在继承党的七大党章优点的基础上，科学阐释了毛泽东思想的内涵，指出它“是马克思列宁主义在中国的运用和发展，是被实践证明了的关于中国革命和建设的正确的理论原则和经验总结，是中国共产党集体智慧的结晶”[①]。这为改革开放新时期全党的思想和行动的一致树立了旗帜，指明了方向。作为中国特色社会主义事业的领导核心，中国共产党领导着改革开放和社会主义建设的前进方向，从这个意义上说，党的十二大党章里的理论路线方针政策对党和国家的政治生活起着必要的引领和调节作用。

① 《中国共产党第十二次全国代表大会文件汇编》，人民出版社 1982 年版，第 93 页。

三是对国家法律法规的正常运行起着保障作用。党章很大程度上对国家法律法规的制定、遵守、执行起着保障作用，党的十二大党章也不例外。首先，党的十二大党章要求既代表着新时期党和国家实现拨乱反正后全党的意志和利益，又与广大人民的意志和根本利益相一致。因此，党的十二大党章的价值取向同国家法律法规代表着广大人民利益的价值取向是一致的。作为全党的根本大法，全党遵守党章实际上是对国家法律法规的遵守，而违反了党章不一定就触犯了国法，却必须受到党纪严惩或处分。其次，党章明确要求党的活动范围不得超出宪法和法律。中国共产党作为执政党和中国特色社会主义事业的领导核心，对国家生活的方方面面都具有重大的影响力。党的十二大党章无论是对宪法等国家法律法规的贯彻与遵守，还是对改革开放新时期健全社会主义法治和顺利开启依法治国的良好局面，都发挥出不可忽视的作用。

四是对改革开放新时期的党和人民起着凝聚作用。由于中国共产党是中国的执政党和中国特色社会主义事业的领导核心力量，党章的修改与完善必然备受全社会瞩目。党的十二大党章作为改革开放新时期党内的根本大法，也必然会为社会各界人民群众所关注。作为改革开放新时期的重要文献之一，党的十二大党章所呈现的党的基本路线方针政策等，为广大人民对党和改革开放的认识提供了一个有效途径。通过学习和了解党的十二大党章，人们认识到中国共产党的性质和宗旨、所代表的阶级利益、这一时期党的指导思想、党的建设的基本要求、党的群众路线、党在现阶段的任务、党的最终奋斗目标等，有助于增强广大人民对改革开放和中国特色社会主义的认同度和向心力。

党的十二大报告对党章修改及其意义给予了高度评价。大会报告指出："提交大会审议的党章修改草案，清除了十一大党章中'左'的错误，继承和发展了党的七大和八大党章的优点。新党章在总纲中，对党的性质和党的指导思想，对现阶段我国社会的主要矛盾和党的总任务，对党在国家生活中如何正确地发挥领导作用，都作了马克思主义的规定。新党章对党员和党的干部在思想上、政治上和组织上的要求，比过去历次党章的规定都更加严格。它对党员的义务，写了绝对不得假公济私、损公利私，坚决反对派性，勇于支持好人好事，反对坏人坏事等内容；对各级领导干部的基本条件，写了要正确执行党的路线、方针和政策，反对党内外错误倾向，有胜任领导工作的专业知识和组织能力，坚持党的原则，同任何滥用职权、谋求私利的行为作斗争等内容，这大都是过去的党章所没有的。根据历史的经验和教训，新党章强调从中央到基层的各级组织都必须严格遵守民主集中制和集体领导的原则，明确规定'禁止任何形式的个人崇拜'。新党章对改善党的中央和地方组织的体制，对加强党的纪律和纪律检查机关，对加强基层组织的建设，都作了许多新的规定。新党章规定，党中央不设主席只设总书记，总书记负责召集中央政治局、政治局常委会议和主持中央书记处的工作；中央和省一级设顾问委员会，以发挥许多富有政治经验的老同志对党的事业的参谋作用；党的各级纪律检查委员会由同级党的代表大会选举产生，并对中央以下的同级党委及其成员实行党章规定范围内的监督，对中央委员会成员违犯党纪的行为可以向中央委员会检举；党的各级组织都必须重视党的建设，经常讨论和检查党的宣传工作、教育工作、组织工作、纪律检查工作、群众工作和统一战线工作。所有这些规定，都将有利于加强党的集体领导、提高党的战斗力和加强党与群众的联系。应当说，现在的党章修改草案，比我们党过去的党章更加充实和完善。它是党的历史经验和集体智慧的宝贵结晶，是在新的历史时期把我们党建设得更加坚强的重要保证。"①

总之，党的十二大党章，开创了党章崭新布局，奠定了改革开放新时期修订党章的基础，以后历次党章的修改无不建立在这一党章的基础之上，在党章发展史上起到了关键性的作用。

① 《人民日报》1982年9月8日。

第五章　党的十二大的历史贡献和深远影响

党的十二大是中国共产党领导全国各族人民实行改革开放和社会主义现代化建设新征程上召开的第一次党代会，举国关注，举世瞩目。这次党代会因为提出“建设有中国特色的社会主义”的科学命题，提出“小康”“翻两番”等目标而彪炳史册，在国内外产生了巨大影响。在学习贯彻党的十二大精神过程中，党带领人民继续改革开放，全面开创了社会主义现代化建设新局面。

一、党的十二大的历史贡献

党的十二大闭幕后，《红旗》杂志以《开创新局面的正确纲领》、《人民日报》以《为全面开创社会主义现代化建设的新局面而奋斗》等为题刊发评论文章，胡乔木也以答记者问或作报告的形式予以评述。无论是评论文章，还是胡乔木的报告，都对党的十二大给予了高度评价。其中《人民日报》刊文说：“在社会主义现代化建设事业发展的重要时刻，中国共产党开了一个团结的大会，一个显示党的无限生命力的大会，一个给人以信心、希望和巨大鼓舞力量，动员全国人民奋发努力，实现新的伟大目标的大会。……经过这次代表大会，我们党对于社会主义现代化建设的指导思想更加明确，党的建设更能适应新的历史时期的需要，党的最高领导层将成为更加朝气蓬勃的战斗指挥部。十二大将作为在政治上确定党在新时期的方针任务，在组织上实现新老合作和交替的大会，作为全面开创社会主义现代化建设新局面的大会，载入党的史册。”①

① 《人民日报》1982 年 9 月 14 日。

党的十二大的第一个历史贡献，是把20世纪末的奋斗目标由先前的实现四个现代化改为实现小康，从战略指导层面解决了党长期急于求成、好大喜功的问题。这是党中央在总结历史经验教训的基础上作出的一个历史性决策。过去我们为了让人民尽快过上美好幸福的生活，急于通过大干快上的运动式治理方式，推动经济社会建设，实践证明此路不通，必须立足实际，扎扎实实，既不能好高骛远，也不因循守旧，而是从国情的实际出发，一步一个脚印。生产力水平的提高是干出来的，不是喊出来的。在邓小平的极力倡导下，我们建设中国式的现代化，把目标定为可以经过努力实现的小康水平，达到日子比较好过。这不仅延续了实事求是的好传统，还是可以实现的新目标。

大会的第二个历史贡献，是在提出经济建设目标的同时，明确提出建设高度的社会主义精神文明和高度的社会主义民主的战略方针。这不仅对文化和政治建设提出了明确要求，还为未来形成经济、政治、文化的建设布局打下了一定基础，反映了社会主义现代化建设的全面性要求，丰富和发展了科学社会主义理论，标志着党对社会主义建设的规律性认识在不断深化。

大会的第三个历史贡献是通过了新党章。在吸取历史经验教训基础上，新修订党章作了一系列新规定，反映了党的现实生活和未来打算。党章中关于党员义务、入党誓词、党的干部等新规定，有利于实现全党政治上的团结统一、思想上的高度一致。这一党章成为改革开放新时期党章的母版，发挥了长远的历史影响，后面的党章都在此基础上进行增减。

党的十二大是进入改革开放新时期后召开的第一次党代会。此后，按照党章规定，党代会五年开一次，一直延续了下来。以党的十二大为标志，此后的党代会也都以中国特色社会主义为主题，开了个好头。因此，党的十二大具有历史开创性意义，是一次具有历史影响、历史意义的党代会。

二、党的十二大的时评介绍

党的十二大的召开，是党和国家政治生活中的一件大事。党代会不仅会总结过去经验，布置未来一段时期的工作，还会对更长远的阶段作出谋划部署，对国家经济社会发展带来巨大而深远的影响。这里主要介绍党的十二大召开前后的各种时评。

人民日报社记者曾在党的十二大前采访了一些著名社会人士。其中茅以升就说，中国共产党十一届三中全会是一个伟大的转折点，这次的十二大，是社会主义事业大发展的开端。叶圣陶对“肝胆相照、荣辱与共”的方针很是认同，他说：“中国共产党和各民主党派荣辱与共，因为彼此认定的目标和努力的方向是一致的，都集中在国家和人民的利益上。国家昌盛，人民的精神生活和物质生活不断提高，这就是共同的荣，要是做不到就是共同的辱。既然荣辱与共，为了达到共同的目标，加强共同的努力，自然肝胆相照，赤诚相与，互相监督，互相勉励。”①

中国处于改革开放新阶段，是一个巨型的开放性国家，一举一动颇受世界关注。美联社9月1日电说，这是邓小平1978年12月宣布他的现代化计划以来，最重要的一次会议。预计这次大会将从党的这方面正式批准邓的现代化计划，并起用新的一代较为年轻的领导人来执行他的政策。路透社、法新社9月1日电也都聚焦邓小平讲话，指出2000年以前他要求彻底改革中国经济。合众国际社9月1日电说，这是自从1977年以来第一次召开的中国共产党代表大会，具有历史意义。②

香港报纸高度评价了党的十二大。《文汇报》发表题为《建设中国式的社会主义》的社论指出，光辉的十二大，将是中国特色的社会主义道路全面和深刻的总结。十二大将以对中国特色社会主义的认识的成熟和完善，开创历史新页，使中国中兴事业光辉前景在望。《晶报》的社论关注到这次党代会在开会之前就公布了议程和时间，这是新人事、新作风。《明报》社评说，只要依据邓小平在开幕词中所说的三句话，切切实实地来干，对于国家民族非大大有好处不可。③

---

①《人民日报》1982年9月7日。
②《人民日报》1982年9月3日。
③《人民日报》1982年9月3日。

归侨代表和首都归侨畅谈党的十二大。1982 年 9 月 13 日上午，刚刚参加过党的十二大的部分归侨代表与首都归侨 200 多人汇聚在政协礼堂，畅谈他们在这一伟大历史时刻的感想，热烈祝贺党的十二大胜利闭幕，坚决拥护新产生的中央领导机构。[①]

三、引领开创改革开放新局面

党的十二大报告指出，这次代表大会的使命，就是要通过对过去六年历史性胜利的总结，为进一步肃清十年内乱所遗留的消极后果，全面开创社会主义现代化建设的新局面，确定继续前进的正确道路、战略步骤和方针政策。党的十二大召开后，在党中央的坚强领导下，全党全国各族人民意气风发地进行改革开放、一心一意搞社会主义现代化建设，全面开创了社会主义现代化建设新局面。

1. 农村改革深入推进与乡镇企业异军突起

党的十二大前后，党中央和国务院高度重视农村的发展尤其是农村经济的发展。从 1982 年起，中央连续发布了关于农村工作的五个“一号文件”，采取切实有效的措施深入推动农村改革。

为进一步推广家庭联产承包责任制和正确认识农村新出现的承包大户、雇工、长途贩运、农民外出打工等，1982 年 11 月，中共中央召开农村工作会议，讨论了新形势下的农村政策和生产问题。会后起草了文件，并经中央政治局于 12 月末讨论通过，定名为《当前农村经济政策的若干问题》。1983 年 1 月 2 日，作为该年中央“一号文件”下发。这一文件彻底打破了在包产到户问题上的禁区，放宽了农村个体经济政策。广大农民称赞这一文件给他们“松了绑”“指了路”，让他们“开心”，吃了“开心丸”。

① 《人民日报》1982 年 9 月 16 日。

1982年至1986年，中共中央连续五年发出了五个有关农村政策的“一号文件”，推动了中国农村改革的不断发展，受到农民的热烈拥护。

为解决农民因土地承包年限不清楚而不愿在土地上投资，以及社会上对农民雇工存在争论等问题，1983年11月29日至12月15日，中共中央召开全国农村工作会议，讨论并修改了由中央书记处农村政策研究室起草的1984年中央“一号文件”的初稿。会后，中央书记处又两次讨论文件稿，并最后通过，定名为《关于一九八四年农村工作的通知》(以下简称《通知》)，作为1984年中央“一号文件”下发。《通知》明确指出：要延长农民土地承包期，一般应在15年以上，鼓励农民增加投资，实行集约经营。《通知》要求继续深入贯彻执行1983年中央“一号文件”所提出的各项政策，进一步搞活农村经济。《通知》还指出，随着农村分工分业的发展，将有越来越多的人脱离耕地经营，从事林牧渔等生产，或转入小工业和小集镇服务业。这是一个必然的历史性进步。农村工业应与城市工业协调发展，要适当集中于集镇。各省、自治区、直辖市可选若干集镇进行试点，允许务工、经商、办服务业的农民自理口粮到集镇落户。这些政策得到农民热烈拥护，他们说：“第一个和第二个中央‘一号文件’让我们吃了‘定心丸’，这个‘一号文件’让我们吃了‘长效定心丸’。”

1984年，全国农业获得特大丰收，但同时也带来了农民卖粮难等问题。1984年12月的全国农村工作会议形成了《关于进一步活跃农村经济的十项政策》，中共中央、国务院以1985年中央“一号文件”下发。这一文件提出的最重要的一项政策，就是“改革农产品统购派购制度”。文件明确规定：从 1985 年起，除个别品种外，国家不再向农民下达农产品统购派购任务，按照不同情况，分别实行合同订购和市场收购。这一政策的出台和实施，是农村经济管理体制改革迈出的相当关键的一步，基本上改变了实行 30 多年的统购派购制度，使农村经济迈入了有计划的商品经济的轨道，并促使传统农业逐步向专业化、商品化、现代化方向发展。

由于农民在粮食统购制度取消后过多地减少粮田播种面积，加上自然灾害，1985 年粮食大幅减产，市场粮价迅速上升，不少农民也因此不愿交售合同订购粮。国家同农民、干部同群众的矛盾重现。1985 年 12 月 27 日，中共中央政治局讨论、通过了《关于一九八六年农村工作的部署》，于 1986 年 1 月 1 日作为 1986 年中央“一号文件”发出。该文件针对农业开始面临停滞、徘徊的局面，强调我国是十亿人口、八亿农民的大国，绝不能由于农业情况有了好转就放松农业。作为发展中国家，我们在工业化进程中，必须进一步摆正农业在国民经济中的地位，力求避免出现农业停滞的现象。要保持农业稳定增长，只有依靠科学，增加投入，大力改善农业生产条件，提高单产，并适当稳定种植面积。这一文件为 20 世纪 80 年代中后期增强农业发展后劲奠定了基础。

以上党的十二大后连续发布的四个“中央一号”文件，加上 1982 年的中央“一号文件”，逐步突破了原来“三级所有、队为基础”的农业经营模式，建构起家庭联产承包、土地集体所有、农工商综合经营的农村经济发展模式，调动了农民的生产积极性，有力推动了农村经济社会的发展，广大农村地区出现了新面貌。到 1987 年，全国有 1.8 亿农户实行了家庭联产承包责任制，占全国农户总数的 98%。在此基础上，农业生产大幅度增长，农民收入逐年增加，生活水平明显提高。1987 年全国粮食总产量达到 4 亿吨，比 1978 年增加 32%。棉花年产量达到 419 万吨，比 1978 年增加 93.3%。1988 年农民人均收入达到 544.9 元，比 1978 年增加 411 元。

要给农民真正“松绑”，还需改革政社合一体制。按照 1982 年宪法规定，在试点取得经验基础上，1983 年 10 月，中共中央、国务院发出《关于实行政社分开建立乡政府的通知》，宣布建立乡（镇）政府作为基层政权；成立村民委员会作为群众性自治组织。通知要求各地在1984年底以前大体上完成乡（镇）政府的建立。此后，建立乡政府的工作在全国陆续展开。到1985年5月底，全国各地完成了撤社改乡镇、撤队改村的工作，全国共建立了9.2万多个乡（镇）政府，82万多个村民委员会。人民公社制度从此不复存在。

乡镇企业的异军突起是农村改革和发展的重要成果。1983年12月，全国农村工作会议充分肯定了农村社队企业和农村工业在振兴农村经济中的重要作用。1984年3月，中共中央、国务院转发农林牧渔业部和部党组《关于开创社队企业新局面的报告》并发出通知，同意将社队企业统一改称为乡镇企业，并要求各级党委和政府对乡镇企业要和国营企业一视同仁，给予必要的扶持。1986年中央“一号文件”明确指出：乡镇企业为我国农村克服耕地有限、劳力过多、资金短缺的困难，为建立新的城乡关系，找到了一条有效的途径。这证明它是有强大生命力的，具有重要的经济和政治意义。1987年6月，邓小平高度评价了乡镇企业的发展，指出：“农村改革中，我们完全没有预料到的最大的收获，就是乡镇企业发展起来了，突然冒出搞多种行业，搞商品经济，搞各种小型企业，异军突起。”[①] 由于有了中央政策的大力支持，乡镇企业如雨后春笋般成长起来。1987年，全国乡镇企业从业人数达到8805万人，产值达到4764亿元，占农村社会总产值的50.4%，第一次超过了农业总产值，这是农村经济的一个历史性变化。乡镇企业从此成为农村经济的重要支柱，成为农民增收的重要来源。乡镇企业生产的日用工业品花色繁多、琳琅满目，极大促进了城乡市场的繁荣。

乡镇企业的异军突起，极大推进了中国农村经济社会的发展，同时也证明了社会主义可以搞市场，而且可以比搞计划经济更有效，从而为建立市场经济新体制提供了实践经验。

---

① 《邓小平文选》第3卷，人民出版社1993年版，第238页。

20世纪80年代初期，江苏省无锡县前洲乡西塘村无线电厂的电视机装配车间。

2. 全面改革纲领的制定实施

随着改革步伐的迈进，有许多问题需要解决，其中尤为突出的是经济体制问题。新中国成立以来中国建立起了计划经济体制，在这一体制下经济固然取得巨大成就，但也带来了体制不活、企业效率效益低下等弊端。党的十一届三中全会召开后，邓小平等中央领导倡导经济体制改革。不少经济学家呼吁改革计划经济体制，实行商品经济。1980年5月，国务院体制改革办公室成立。9月，体改办拿出一份关于经济体制改革的初步方案，建议中央改革计划经济体制实行有商品的计划经济。但这一建议并没有得到过多支持，反而受到一些批评。薛暮桥等主张搞商品经济的经济学家不得不在报刊上发表文章进行自我批评。党的十二大期间，发表文章提出随着经济规模的扩大要逐渐缩小指令性计划、扩大指导性计划的中国社科院副院长刘国光也受到排山倒海的批评。在这种情况下，党的十二大采取的依然是计划经济为主、市场调节为辅的改革思路。但随着改革开放的逐步扩大，经济特区的样本作用明显，人们对于商品经济的呼唤越来越猛烈。

为了起草好经济体制改革的文件，开好党的十二届三中全会，中央成立了文件起草组，胡耀邦等中央领导多次参与讨论，亲自指导文件写作。刚开始，起草出的文件初稿，没有跳出计划经济为主、市场调节为辅的框架。中央重新调整了起草组成员，增加了一些新力量。胡耀邦多次讲要把文件写好，要在经济体制改革上往前走一步。其他管经济的中央领导同志也提出了相同的意见。在这种情况下，起草组同志经过艰苦奋战，于1984年9月写出了令中央领导比较满意的稿子。稿子起草好以后，有中央领导给中央常委们写信介绍了稿子的主要思路，主要是拟以有计划的商品经济立意，这得到了其他各位常委的认可。

在这种情况下，1984年10月20日，中共十二届三中全会在北京召开，会议讨论通过了《中共中央关于经济体制改革的决定》(以下简称《决定》)。《决定》总结改革开放以来经济体制改革的经验，比较系统地阐明了经济体制改革中的一系列重大理论和实践问题。

《决定》指出：改革是为了建立充满生机的社会主义经济体制。传统计划经济体制的主要弊端是政企职责不分，条块分割，国家对企业统得过多过死，忽视商品生产、价值规律和市场的作用，分配中平均主义严重。这就使本来应该生机盎然的社会主义经济在很大程度上失去了活力。改革经济体制，是在坚持社会主义制度的前提下，改革生产关系和上层建筑中不适应生产力发展的一系列相互联系的环节和方面。这种改革是社会主义制度的自我完善和发展。

《决定》提出："改革计划体制，首先要突破把计划经济同商品经济对立起来的传统观念，明确认识社会主义计划经济必须自觉依据和运用价值规律，是在公有制基础上的有计划的商品经济。商品经济的充分发展，是社会经济发展的不可逾越的阶段，是实现我国经济现代化的必要条件。"① 这就突破了把计划经济与商品经济对立起来的观念，确认我国社会主义经济的性质是"公有制基础上的有计划的商品经济"，从而为经济体制改革指明了方向。

① 《中共中央关于经济体制改革的决定》，人民出版社1984年版，第17页。

中共中央关于经济体制改革的决定

（中国共产党第十二届中央委员会第三次全体会议一九八四年十月二十日通过）

一、改革是当前我国形势发展的迫切需要

二、改革是为了建立充满生机的社会主义经济体制

（下转第二版）

中共十二届三中全会通过的《中共中央关于经济体制改革的决定》。

《决定》强调：增强企业活力是经济体制改革的中心环节。这就需要解决好国家和企业、企业和职工之间的关系。要给企业以生产和经营的自主权，使企业真正成为相对独立的经济实体，同时要保证劳动者在企业中的主人翁地位，充分发挥劳动者的积极性、智慧和创造力；要有步骤地适当缩小指令性计划的范围，适当扩大指导性计划的范围；要建立合理的价格体系，充分重视经济杠杆的作用；必须改革过分集中的价格管理体制，逐步缩小国家统一定价的范围，适当扩大有一定幅度的浮动价格和自由价格的范围；要实行政企职责分开，正确发挥政府机构管理经济的职能；要建立多种形式的经济责任制，认真贯彻按劳分配原则；要积极发展多种经济形式，进一步扩大对外的和国内的经济技术交流；要充分利用和开拓国内和国外两种资源、两个市场，学会组织国内建设和发展对外经济关系两套本领；要起用一代新人，造就一支社会主义经济管理干部的宏大队伍。

这次全会通过的《中共中央关于经济体制改革的决定》，成为指导中国全面开展经济体制改革的纲领性文献。《决定》提出的关于建立公有制基础上的有计划的商品经济的思想，是对马克思主义经济理论的重大突破，对中国经济体制改革的市场化取向具有重要推动作用，同时也为20世纪

90年代后我国社会主义市场经济体制的建立和发展奠定了重要基础。邓小平高度评价这次会议通过的《决定》，他说："我的印象是写出了一个政治经济学的初稿，是马克思主义基本原理和中国社会主义实践相结合的政治经济学……这个文件，我没有写一个字，没有改一个字，但确实很好。"①

中共十二届三中全会的召开标志着中国以城市为中心的经济体制改革已从试点和探索阶段进入到全面展开阶段。从1985年起，中国主要进行了多方面的改革：进一步扩大企业自主权，增强企业活力；积极推进所有制结构的改革；改革计划管理体制，调整和改进国家宏观调控的范围和方式；改革不合理的价格体制和过于集中的价格管理体制；改革财政、金融、税收体制，加强宏观调控和管理；深化外贸体制等。这些改革逐步冲破了陈旧僵化的经济体制，解放了社会生产力。在经济体制改革同时，还推进了科技教育体制改革，推动了政治体制改革和民主法制建设，精神文明建设也得到加强。

3. 对外开放迈出大步

党的十二大对实施对外开放专门作出部署。党的十二大报告指出，实行对外开放，按照平等互利的原则扩大对外经济技术交流，是我国坚定不移的战略方针。我们要促进国内产品进入国际市场，大力扩展对外贸易。要尽可能地多利用一些可以利用的外国资金进行建设，为此必须做好各种必要的准备工作，安排好必不可少的国内资金和各种配套措施。要积极引进一些适合我国情况的先进技术，特别是有助于企业技术改造的先进技术，努力加以消化和发展，以促进我国的生产建设事业。我们进行社会主义现代化建设，必须立足于自力更生，主要靠自己艰苦奋斗。这是绝对不能动摇的。扩大对外经济技术交流，目的是增强自力更生的能力，促进民族经济的发展，而决不能损害民族经济。国内能够制造和供应的设备特别是日用消费品，不要盲目进口。要在统一计划、统一政策和联合对外的前提

① 《邓小平文选》第3卷，人民出版社1993年版，第83页。

下，发挥地方、部门和企业开展对外经济活动的积极性，同时反对任何损害国家民族利益的行为。我们千万不要忘记，资本主义国家和资本主义企业决不会因为同我们进行经济技术交流，就改变它们的资本主义本性。我们在坚持实行对外开放政策的过程中，一定要坚决警惕和抵制资本主义思想的侵蚀，反对任何崇洋媚外的意识和行为。

党的十二大后，我国对外开放步伐不断扩大。1983 年初，中共中央和国务院领导人研究了海南岛的开发问题。4 月，中共中央、国务院批准了《加快海南岛开发建设问题讨论纪要》，确定了以对外开放促进海南岛开发建设的方针。

深圳等经济特区发展迅速，但也遭到了一些非议。在这种情况下，1984 年 1 月 22 日至 2 月 17 日，邓小平到深圳、珠海、厦门等地走一走看一看，实地了解特区发展情况。在视察过程中，看到特区事业一片繁荣兴旺，三天一层楼的“深圳速度”令人振奋，时间就是金钱、时间就是效率的口号震撼人心，邓小平挥笔为特区题词以示鼓励。他给深圳的题词是“深圳的发展和经验证明，我们建立经济特区的政策是正确的”，给珠海的题词是“珠海经济特区好”，给厦门的题词是“把经济特区办得更快些更好些”。邓小平随后又到了上海，参观考察了上海宝山钢铁总厂，给宝钢题词“掌握新技术，要善于学习，更要善于创新”。回到北京后，邓小平特意给中央的几位负责同志谈话说：“我们建立经济特区，实行开放政策，有个指导思想要明确，就是不是收，而是放。”“特区是个窗口，是技术的窗口，管理的窗口，知识的窗口，也是对外政策的窗口。从特区可以引进技术，获得知识，学到管理，管理也是知识。特区成为开放的基地，不仅在经

邓小平为深圳经济特区题词

济方面、培养人才方面使我们得到好处，而且会扩大我国的对外影响。”“除现在的特区之外，可以考虑再开放几个港口城市，如大连、青岛。……我们还要开发海南岛，如果能把海南岛的经济迅速发展起来，那就是很大的胜利。”“要让一部分地方先富裕起来，搞平均主义不行。这是个大政策，大家要考虑。”①

邓小平为珠海特区题词

根据邓小平的谈话精神，1984 年 3 月 26 日至 4 月 6 日，中共中央书记处和国务院召开沿海部分城市座谈会。5 月 4 日，中共中央、国务院批转《沿海部分城市座谈会纪要》，正式确定开放 14 个沿海港口城市，即大连、秦皇岛、天津、烟台、青岛、连云港、南通、上海、宁波、温州、福州、广州、湛江、北海。至此，我国对外开放由点及线，呈现新局面。

1985 年 1 月，对外开放又迈出大步，国务院召开了长江三角洲、珠江三角洲、闽南厦（门）漳（州）泉（州）三角地区座谈会。会议一致主张，先把长江三角洲、珠江三角洲、闽南厦漳泉三角地区，继而将辽东半岛、胶东半岛开辟为沿海经济开放区，以加速沿海经济的发展，从

① 《邓小平文选》第 3 卷，人民出版社 1993 年版，第 51—52 页。

而带动内地经济开发。2 月，党中央、国务院批复下发座谈会纪要，并指出，在长江三角洲、珠江三角洲、闽南厦漳泉三角地区开辟沿海经济开放区，是我国实施对内搞活经济、对外实行开放的又一重要步骤。这三个经济开放区应逐步形成贸—工—农的生产结构，即按出口贸易的需要发展加工工业，按加工的需要发展农业和其他原材料的生产。这些经济开放区结合自身优势，有的采取发展外向型工业，有的大办“三来一补”企业，有的大搞轻工业、食品工业，迅速发展了起来。在此基础上，1987 年底国务院还提出了实施沿海地区发展外向型经济的战略，力求在国际大循环中加快我国经济发展的步伐。这一新战略的实施，大大推动了沿海开放城市的经济社会发展，也为内陆地区的经济发展注入了活力。

随着社会生产力的快速发展，城乡人民的收入大幅度增加。据国家统计局发布的国民经济和社会发展统计公报，农民人均纯收入，1982 年为 270 元，1987 年提高到 463 元，扣除物价上涨因素，平均每年增长 8.6%；城镇居民人均生活费收入，1982 年为 494.5 元，1987 年提高到 916 元，扣除物价上涨因素，平均每年增长 6.3%。这时期，城乡市场繁荣兴旺，消费品供应增多，城乡居民的消费水平显著提高。广大人民基本解决了温饱问题并开始向小康生活水平迈进。改革开放事业的高歌猛进和社会物质财富的迅速增长，使 20 世纪 80 年代不但成为一个充满希望和激情的年代，而且也成为一个广大人民普遍享受到改革发展成果的时代。20 世纪 80 年代的中国大发展，不仅奠定了我国社会保持长期稳定的厚实基础，还为进一步深化改革开放积累了宝贵经验。这都是党的十二大结出的累累硕果。

第六章　党的十二大研究进展

党代会是中共党史、新中国史研究者关注的重点话题。1982 年召开的党的十二大是中国共产党在改革开放新时期召开的第一次全国党的代表大会，会议不仅对中共十一届三中全会以来党团结带领人民取得的重大成就和积累的经验进行了深入总结，还确定了未来五年乃至更长时间的经济社会发展政策、党的建设思路以及应对外部环境的策略，集中体现了执政党关于社会主义建设和改革开放的态度、主张。40 多年来学界对此次会议的召开背景、重要论断、创新观点等持续展开研究，出版了一些富有价值的论著和回忆录。梳理回顾研究进展，总结分析研究成果，提出深化研究建议，对弥补过往研究缺憾、继续深化党代会研究，具有重要意义。

一、关于党的十二大研究进展的概况

40 多年来，学界关于党的十二大研究一直持续进行。关于党的十二大的重要文献的编辑、当事人的回忆录以及口述史的整理有显著进展，研究性论文和著作也有不少成果问世。

（一）相关文献资料

20 世纪 80 年代，由中共中央文献研究室编的《三中全会以来重要文献汇编》和《三中全会以来重要文献选编》，是研究党的十二大的基础性文献。1982 年党的十二大召开后，人民出版社快速出版了《中国共产党第十二次全国代表大会文件汇编》，对会议上发表的讲话，通过的章程、文件、名单以及主席团回信等相关文献进行了整合辑录。此外，中共中央文献研究室编辑出版的《十二大以来重要文献选编》(上)、《改革开放三十年重要文献选编》(上)，国家体改委办公厅编辑的《十一届三中全会以来经济体制改革重要文件汇编》上卷，中共中央宣传部办公厅和中央档案馆编研部合编的《中国共产党宣传工作文献选编(1957—1992)》等都为研究十二大提供了文献基础。

40 多年来，一系列党和国家领导人的文选、文集、年谱和传记出版，如《邓小平文选》第 2 卷、《邓小平年谱(1975—1997)》(上下)、《邓小平思想年编(1975—1997)》、《陈云文选》第 3 卷、《陈云年谱(1905—1995)》下卷、《陈云传》、《叶剑英年谱(1897—1986)》(下)、《李先念文选(1935—1988)》、《建国以来李先念文稿》第 4 册、《李先念年谱(1979—1992)》第 6 卷、《胡耀邦文选》、《胡耀邦(1915—1989)》第 3 卷、《胡乔木文集》第 2 卷、《胡乔木书信集》、《胡乔木谈中共党史》、《胡乔木传》等。这些重要文献公布了不少与党的十二大有关的各种材料信息，为开展党的十二大研究提供了资料基础。

(二)有关回忆录和口述史

亲历者的回忆，是研究中共党史的重要资料来源。关于党的十二大，亲历者出版的一些回忆录有助于我们了解这次重要会议的筹备和召开过程中的一些关键细节。比如，《薛暮桥回忆录》记录了会议前经济学界存在的争议和分歧，以及为统一思想而采取的一系列措施等[①]；朱佳木则回忆了陈云对大会政治报告的修改意见，以及陈云在会议前后的一些活动[②]；在胡乔木纪念文集《我所知道的胡乔木》中，卢之超回忆了胡乔木在负责起草大会政治报告过程中对精神文明建设的思考[③]；吴江回忆时认为大会报告

① 《薛暮桥回忆录》，天津人民出版社 1996 年，第 374—382 页。

② 朱佳木:《为共产主义事业奋斗到底的一生——我所了解的晚年陈云》(上)，《当代中国史研究》2005 年第 4 期；朱佳木:《为共产主义事业奋斗到底的一生——我所了解的晚年陈云》(下)，《当代中国史研究》2005 年第 5 期。

③ 杨尚昆等:《我所知道的胡乔木》，当代中国出版社 2012 年版，第 166—168 页。

的理论问题需要深入研究①；于光远撰文回忆了“社会主义初级阶段”写入大会政治报告的复杂过程②；龚育之回忆了大会政治报告出现“共产主义思想为核心”的来龙去脉③，以及参加起草报告的经历和感受④；《李鹏回忆录（1928—1983）》记述了大会政治报告的征求意见会上的一些情况，以及列席大会的经历和感受，特别是回忆了大会在讨论人事安排时一些重要领导干部的发言⑤。商钧的《风雨人生钢铁情——商钧回忆录》、卢功勋的《回顾与思考》等也谈及参会的感受。此外，吴江主编的《改革开放：中国共产党第十二次全国代表大会》，对大会有关资料文献进行了搜集整合。这些相关文献资料的整理出版，为中共十二大研究提供了重要资料来源，有的颇具史料价值，有助于党代会研究的深化。

（三）有关著作和论文

中共党史、改革开放史的通史类著作中均涉及党的十二大。其中，比较权威的著作有胡绳主编的《中国共产党的七十年》、中共中央党史和文献研究院著的《中国共产党的一百年》、当代中国研究所著的《新中国70年》、以本书编写组名义编辑出版的《中国共产党简史》，以及曹普著的《当代中国改革开放史》上下卷，柳建辉、曹普主编的《中国改革开放30年史（1978—2008）》，谢春涛主编的《中国特色社会主义史》等。比较重要的编著有：郭德宏、王海光、韩钢主编的《中华人民共和国专题史稿》，陈雪薇主编的《十一届三中全会以来重大事件和决策调查》，程中原等著的《新路——十一届三中全会前后到十二大》等。上述这些著作重点对党的十二大的召开背景、大会报告主要内容和会议的历史意义展开论述，由

① 吴江：《政治沧桑六十年》，兰州大学出版社2005年版，第248—256、273—274页。

② 于光远：《从“阶段风波”到“社会主义初级阶段”》，《炎黄春秋》2008年第8期。

③ 龚育之：《党史札记末篇》，人民出版社2011年版，第106—108页。

④ 《龚育之访谈录》编辑组编：《龚育之访谈录》，中央文献出版社2009年版，第404—406页。

⑤ 《李鹏回忆录（1928—1983）》，中国电力出版社、中央文献出版社2014年版，第582—589页。

于侧重点不同，因而它们也不同程度地存在着研究未能展开或集中度不够等问题。

40多年来，关于党的十二大的学术类论著并不多见，主要有李永丰编著的《开创新局：中国共产党第十二次全国代表大会》等。多数作品属于宣传品，学术性研究的著作较少。更多研究成果表现为将中共十二大与历次党代会一起进行整体性介绍，如张静如主编的《中国共产党历届代表大会：一大到十八大》、李颖著的《党代会历史细节——从一大到十八大》、李忠杰著的《领航：从一大到十九大》等。以上专著以及党代会整体性研究中的相关章节，对党的十二大的会议背景、议程和意义作了较为完整的论述，搭建起党的十二大研究的基本历史框架。

有关论文的发表与上述著作出版的情况相类似，对党的十二大进行专题研究的学术论文并不很多，比较有代表性的如金冲及在《党的文献》发表的《从十一届三中全会到十二大——新时期是这样开始的》、耿化敏在《党史研究与教学》发表的《回归与超越：中共十二大报告的理论创新》等。而将党的十二大放在历次党代会的长时段中考察理论或政策流变的论文则多达百篇以上，这类研究大都以历次党代会中的共有要素作为考察对象，关注这些要素在十二大前后发生的一系列变化及其原因，如杨凤城在《中共党史研究》发表的《改革开放以来六次党代会报告关于文化建设的理论演进与创新》，陈少铭在《中共党史研究》发表的《从改革开放以来历次党代会报告看中国外交战略的发展变化》，肖贵清、白云翔在《山东社会科学》发表的《从十二大到十九大——改革开放以来党的历次全国代表大会的理论创新》等。

二、关于党的十二大研究中的若干热点问题

40多年来，关于党的十二大的研究成果主要集中于会议的召开背景、指导思想、涉及的理论问题、党的建设以及会议的历史地位和作用等。国外学者对此次党代会也给予了关注和探讨。

（一）关于党的十二大的召开背景的分析

党的十二大召开的时空背景是学界比较关注的话题。这既是党代会研究的出发点，也是研究会议不得不考虑的一个基础性问题。多数研究成果聚焦于会议的宏观背景予以分析，认为党的十二大是经过十一届三中全会以来的拨乱反正和局部改革，对重大历史事件做了大量认真厘清工作，在经济、思想、民主、法制和党的建设等各条战线的实际工作都取得了重大胜利，实现了历史性伟大转变的重要时刻召开的①。有的研究者从思想史视角出发，认为中共在十一届三中全会以来的历史性转变中，获得了丰富的领导经验，纠正了长期以来在建设社会主义问题上的“左”倾错误，大会召开已具备思想基础②。有的研究者则从国际视角分析背景，认为走向缓和的国际局势，世界范围内新一轮的现代化高潮以及资本主义国家的改革调整，这些因素都影响党的十二大对社会主义的再认识③。有的研究者还特别关注会前中共对国家现代化建设目标的调整，认为十一届三中全会后中共在领导经济体制改革的过程中，对社会主义现代化的实现方式、步骤等问题的认识不断深化，为大会报告提出新目标奠定了基础④。

与此同时，也有不少研究者从大会筹备的角度进行背景分析，认为中央十分重视这次会议，并用两年时间为会议作准备。目前学界对会议筹备过程的描述基本一致，但究竟哪次会议为大会召开作了最后准备，学者们的意见尚不统一。有人认为 1982 年 8 月举行的十一届七中全会审议并通过了十二大政治报告和新党章，为大会作了最后准备⑤。也有人认为 8 月 30

① 陈雪薇主编：《十一届三中全会以来重大事件和决策调查》，中共中央党校出版社 1998 年版，第 365—364 页；李君如主编：《中国共产党历次全国代表大会研究》，东方出版中心 2007 年版，第 271—277 页；程中原等：《新路——十一届三中全会前后到十二大》，河北人民出版社、当代中国出版社 2009 年版，第 259—260 页。

② 王洪模等：《改革开放的历程》，河南人民出版社 1989 年版，第 291—295 页。

③ 张士义等：《从一大到十九大——中国共产党全国代表大会史（1921—2017）》，东方出版社 2018 年版，第 232—233 页。

④ 谢春涛主编：《中国特色社会主义史》（上），福建人民出版社 2008 年版，第 423—439 页。

⑤ 李永丰编著：《开创新局：中国共产党第十二次全国代表大会》，万卷出版公司 2008 年版，第 15—16 页。

日召开的十二大预备会议确定了大会日程和主席团成员等事项，大会筹备工作才圆满完成[①]。

（二）关于党的十二大的指导思想研究

学界一致认为，党的十二大的指导思想就是邓小平在十二大开幕词中提出的“走自己的路，建设有中国特色的社会主义”[②]。会后学界对此进行了深入分析。研究者讨论集中于“建设有中国特色的社会主义”命题的提出、“中国特色”和“有中国特色的社会主义”的内涵意蕴等方面[③]。

不少研究者着重考察“建设有中国特色的社会主义”命题的思想渊源，认为它是在总结中共八大以来社会主义建设的正反两面经验的基础上提出的，也是对十一届三中全会以来方针、路线、政策的继续发展[④]。有的研究者认为该命题的提出是中共几十年来对苏联模式和自己社会主义建设进行反思的必然结果，也是社会主义建设健康发展的客观要求[⑤]。

学界充分肯定这一指导思想的历史作用。有的研究者认为，就是在这个思想的指导下中共十二大才提出了党在新的历史时期为全面开创社会主义现代化新局面而奋斗的纲领和宏伟目标[⑥]。有的研究者还认为，这个指导思想为新时期的毛泽东思想发展提出了一个总题目，表明中共对社会主义现代化建设事业的认识提高到新阶段[⑦]。《中国共产党的七十年》则指出，“建设有中国特色的社会主义”不仅是大会的指导思想，而且是整个新的历

① 郭德宏等：《中华人民共和国专题史稿》第4卷，四川人民出版社2004年版，第298页；李君如主编：《中国共产党历次全国代表大会研究》，东方出版中心2007年版，第281页。

② 龚育之：《中国的马克思主义的重要文献》，《人民日报》1983年7月8日。

③ 吴卫生：《“建设有中国特色的社会主义”的若干问题讨论综述》，《哲学动态》1983年第3期。

④ 沈宝祥主编：《十一届三中全会以来马克思主义在中国的丰富和发展》，中共中央党校出版社1987年版，第18—24页；陈雪薇主编：《十一届三中全会以来重大事件和决策调查》，中共中央党校出版社1998年版，第383—385页。

⑤ 马银：《中共十二大与马克思主义中国化研究》，安徽师范大学硕士学位论文，2016年，第16—18页。

⑥ 石仲泉：《我观党史》，济南出版社2001年版，第47页。

⑦ 金春明：《中华人民共和国简史》，中共党史出版社2001年版，第239页。

史时期和现代化建设的指导思想，我国的改革开放和现代化建设，就是在这个思想指导下取得巨大成功的①。

（三）关于党的十二大的理论问题研究

在理论创新方面，学界多数研究者认为党的十二大报告提出了一系列富含创新意义的新思想新观点新论断，集中体现在经济建设、民主政治建设、精神文明建设、党的建设等方面。比如，有的研究者认为，大会报告很好地处理了经济与政治的关系，抛弃了“文化大革命”中“政治高于一切”的口号，强调一切政治工作、思想工作都要有利于发扬人民群众在社会主义建设中的积极性和主动性，极大地调动了人们建设社会主义的热情②。在如何坚持和发展统一战线的问题上，党的十二大报告在继承“长期共存，互相监督”的基础上新增“肝胆相照，荣辱与共”，使之更加符合我国社会阶级状况的特点，这是在新的历史时期坚持和发展毛泽东思想的又一个范例③。还有研究者认为报告对阶级斗争问题的新认识，即阶级斗争已经不再是我国社会的主要矛盾，但是阶级斗争还将在我国社会的一定范围内长期存在，解决了马克思主义过去没有解决的在社会主义改造基本完成以后如何正确对待阶级斗争的问题④。以上理论突破和创新，体现了社会主义现代化建设的全面性要求，丰富和发展了科学社会主义理论，也使人们对社会主义的理解更加全面和深刻⑤。

也有研究者认为党的十二大的理论创新还不够充分和展开。比如有人认为社会主义初级阶段的提法虽然出现在报告中，但没有展开正面论述；“以共产主义思想为核心的精神文明”的提法由于理解不确切引发尖锐争

---

① 胡绳主编：《中国共产党的七十年》，中共党史出版社 1991 年版，第 584 页。

② 李君如主编：《中国共产党历次全国代表大会研究》，东方出版中心 2007 年版，第 292—293 页。

③ 胡潮生、徐俊华：《试述“长期共存，互相监督”“肝胆相照，荣辱与共”的方针——纪念中华人民共和国建国 35 周年》，《长江论坛》1984 年第 1 期。

④ 张士义等：《从一大到十九大——中国共产党全国代表大会史（1921—2017）》，东方出版社 2018 年版，第 246 页。

⑤ 胡绳主编：《中国共产党的七十年》，中共党史出版社 1991 年版，第 510 页。

论；经济体制的改革仍没有突破计划经济的框架等[①]。

在经济体制改革方面，党的十二大报告确定以“计划经济为主，市场调节为辅”为改革原则，引发学界进一步讨论。不少研究者认为这一改革原则对经济体制改革有重要推动作用。有研究者认为，“计划经济为主，市场调节为辅”的改革思路，在我国经济体制改革的初期，是起了积极推动作用的。它在行政指令性计划经济体制上打开了一个缺口，主张允许发挥市场调节的作用，为改革的起步开拓了道路。由于党的十二大在计划和市场问题上有所前进，所以大会之后我国经济体制改革是继续向前发展的[②]。有的研究者认为，大会政治报告确认了计划应该划分为指令性计划和指导性计划两部分的新思路，从而纠正了通常把计划经济理解为就是指令性计划的传统观念，虽然还没有使用商品经济、市场经济的提法，但许多提法都是《决议》中还没有的，表明中共的理论和政策思想比《决议》又前进了一步[③]。还有研究者认为，虽然党的十二大的提法仍然是以计划经济为主，市场只是作为补充，但这是第一次在党的文件中提到“市场”，第一次提出指令性计划和指导性计划的划分，由此打开了传统计划体制的口子，为下一步的突破奠定了基础[④]。

少数研究者认为大会是在计划经济理论回潮背景下召开的，在经济体制改革问题上并没有实质性突破。比如有人就认为在起草大会政治报告的过程中，起草小组负责人曾组织起草小组的几位成员对主张在中国建立商品经济的观点进行批判，结果使大会政治报告在计划与市场问题上不但没能取得进展，相反有所倒退[⑤]。

在社会主义初级阶段问题上，有的人回忆说，党的十二大报告起草稿

---

① 耿化敏:《回归与超越：中共十二大报告的理论创新》,《党史研究与教学》2008 年第 4 期。

② 《薛暮桥回忆录》，天津人民出版社 1996 年版，第 377—381 页。

③ 《龚育之访谈录》编辑组编:《龚育之访谈录》，中央文献出版社 2009 年版，第 19 页。

④ 高尚全口述，萧冬连、鲁利玲整理:《亲历中央若干重要改革文件的起草过程》,《中共党史研究》2018 年第 6 期。

⑤ 张神根、端木清华编著:《改革开放 30 年重大决策始末（1978—2008）》，四川人民出版社 2008 年版，第 273 页。

中“共产主义思想为核心”和“共产主义初级阶段”的提法，是针对有人在1979年理论务虚会上关于社会发展阶段问题的发言提出的。他向起草组建议报告中加入“社会主义初级阶段”的提法，得到胡耀邦认可后，这个提法才在报告中出现[①]。但有的人指出“社会主义初级阶段”的提法并不是因为“共产主义思想为核心”的提法引起争论后才出现，在没有提以共产主义思想为核心以前，社会主义初级阶段就已经出现在草稿中了[②]。由此可见，这次党代会提到了初级阶段问题，但其究竟为何而来、作用究竟如何，还是有一定观点分野的。

在邓小平理论的创立上，不少研究者认为，邓小平理论历经长期酝酿，在党的十二大上开始形成。比如，龚育之认为，在拨乱反正和改革起步中，邓小平理论逐步发展。党的十二大鲜明提出建设有中国特色的社会主义这一理论的主题。在党的十二大后，这个理论在全面改革的深入发展中逐渐形成[③]。李君如认为，邓小平提出“建设有中国特色的社会主义”这一命题以后，整个理论研究就在这个命题下不断完善、充实，开始形成邓小平理论的轮廓[④]。金钊认为，“建设有中国特色的社会主义”的命题，科学反映了十一届三中全会以来形成的一系列方针政策的本质，成为这一理论的最高范畴，它的提出成为邓小平理论开始形成的突出标志[⑤]。此外，郭德宏、蒋伯英等学者也基本持这种观点[⑥]。也有研究认为邓小平理论在党的十二大上已经形成，十二大以后党和人民的实践是在邓小平理论指导下的自觉的行动，如果认为邓小平理论到十三大或十四大才形成，不利于正确地认识和评价我国的改革开放事业，会认为这种实践仍然处在摸索之中，这就贬低了十二大以后

---

① 于光远：《从“阶段风波‘到’社会主义初级阶段”》，《炎黄春秋》2008年第8期。

② 龚育之：《党史札记末篇》，人民出版社2011年版，第106—108页。

③ 龚育之：《中国特色社会主义论二十题》，中共中央党校出版社1995年版，第43页。

④ 李君如：《邓小平——当代中国马克思主义的创立者》，上海人民出版社1995年版，第93—94页。

⑤ 金钊：《邓小平理论总论》，西安出版社1998年版，第186—187页。

⑥ 参见郭德宏：《论邓小平理论的形成和发展》，《党政干部学刊》1999年第1期；蒋伯英：《论邓小平理论的形成与发展》，《党史研究与教学》1998年第5期；冯硕余主编：《邓小平理论科学体系》，中国社会科学出版社1998年版，第11页。

改革开放实践的意义，也不利于正确认识和评价邓小平以及他的理论[①]。

（四）关于党的十二大与党的建设研究

党的十二大提出党在新的历史时期的总任务是“把我国建设成为高度文明、高度民主的社会主义国家”。为更好完成这个任务，大会对中国共产党提出了新要求。有论著认为，中共十二大提出“把党建设成为领导社会主义现代化事业的坚强核心”，这标志着中共开始用一种新的思路指导自身建设。党的事业与党的建设紧密相连，围绕这个目标，中共在健全民主集中制、推进干部队伍新老交替、有计划有步骤地进行整党等方面，采取新的举措，推动党的建设出现新的局面[②]。有研究者认为，中共十二大在党的制度建设史上具有里程碑意义，其相关制度设计和安排，如按期召开党代会、中委和中纪委的组织架构以及干部离退休制度等，至今仍在党和国家制度中发挥着基础和建设性作用[③]。

研究者对于大会通过的新党章颇为关注。有的研究者具体分析新党章继承了七大、八大党章的哪些优点，又对九大、十大、十一大党章中“左”的错误作了哪些修改[④]。对于新党章的意义，有的研究者指出，它对党的性质、党的指导思想、中国社会主义初级阶段社会主要矛盾、党的总任务等基本问题的正确表述，使党章逐步在全党树立起庄严神圣的政治法律地位，自此中共逐步走上了“依章治党”的健康发展道路[⑤]。也有研究者认为，新党章形成了党章内容的修改原则，完善了党章的结构体系，为日后党章的修订奠定了基本规范[⑥]。此外，还有研究者梳理了干部新老交替的过渡形

① 俞良早、王红续：《邓小平理论发展史》，中共中央党校出版社 2004 年版，第 32—33 页。

② 中共中央党史研究室：《中国共产党的九十年》，中共党史出版社、党建读物出版社 2016 年版，第 739 页。

③ 王钦双：《中共十二大与新时期党的建设》，《北京党史》2013 年第 1 期。

④ 李永丰编著：《开创新局：中国共产党第十二次全国代表大会》，万卷出版公司 2008 年版，第 40—41 页。

⑤ 张希贤：《中国道路的四次飞跃：中国共产党历次代表大会分析》，中共中央党校出版社 2007 年版，第 196—198 页。

⑥ 陈自才：《转折、发展与奠基——十二大党章的历史地位》，《中共贵州省委党校学报》2013 年第 3 期。

式——中顾委的缘起和筹备过程，具体讨论了大会成立的中顾委与实现干部新老交替之间的关系[①]。

（五）关于党的十二大的历史地位和作用研究

关于党的十二大的历史地位，邓小平在大会开幕词中表示："回顾党的历史，这次代表大会将是党的第七次全国代表大会以来的一次最重要的会议。"[②]江泽民指出："一九八二年，党的第十二次全国代表大会，提出把马克思主义的普遍原理同我国的具体实际结合起来，走自己的路，建设有中国特色社会主义，指明了新时期的前进方向。"[③]胡乔木、邓力群、袁木、胡绳以及龚育之等也都从不同角度对大会的历史地位作出肯定性的结论[④]。

近年来，学界对党的十二大历史地位的研究更加深入，有的研究者将党的十二大的历史意义与七大、八大作纵向的历史比较[⑤]。有的研究者对这次大会如何总结拨乱反正的经验，制定全面开创社会主义现代化建设新局面的正确纲领进行具体分析，并在此基础上肯定其历史地位。有的研究者从中国特色社会主义史的角度出发，认为大会的最大功绩是第一次提出"建设有中国特色的社会主义"这一重大命题，基本确立了一条具有中国特色的社会主义道路，因而中共十二大是一个新的历史阶段开始的标志[⑥]。

---

① 柳建辉、曹普主编:《中国改革开放30年史（1978—2008）》，青岛出版社2008年版，第206—212页。

② 《邓小平文选》第3卷，人民出版社1993年版，第1页。

③ 中共中央文献研究室编:《十五大以来重要文献选编》（上），中央文献出版社2011年版，第595页。

④ 参见《胡乔木文集》第2卷，人民出版社1993年版，第201—233页;《邓力群文集》，当代中国出版社1998年版，第27—60页;《袁木文集》第1卷，中国言实出版社1999年版，第175—294页;《胡绳文集（1979—1994）》，中国社会科学出版社1998年版，第3—8页;《龚育之文存》（上），上海人民出版社2000年版，第71—81页。

⑤ 李永丰编著:《开创新局：中国共产党第十二次全国代表大会》，万卷出版公司2008年版，第48—49页。

⑥ 谢春涛主编:《中国特色社会主义史》（上），福建人民出版社2008年版，第454页；张希贤:《中国道路的四次飞跃：中国共产党历次代表大会分析》，中共中央党校出版社2007年版，第196—193页。

（六）关于国外的中共十二大研究

国外学者具体分析了中共十二大的一些新提法，比如施拉姆认为报告重提“共产主义思想”，一是为了迅速恢复被“文化大革命”十年混淆的是非善恶标准，二是为了应对“对外开放”政策带来的资本主义思想“同化”的威胁[①]；伊文思认为邓小平在开幕词中提出的“有中国特色的社会主义”概念，主要目的就是为了唤起人们的爱国心[②]；天儿慧把大会政治报告提到的“社会主义初级阶段”归纳为六个特点，并据此认为中国将在很长一段时期内坚持实行这个战略思想[③]；雅胡达针对“独立自主的外交政策”展开分析，认为独立自主政策的实质，就是中国不愿将自己同任何大国扯在一起，这同中国人对世界事务的一般性心理认知是相适应的[④]。

对于中共十二大的意义，国外学者认为大会既总结了中国改革实践中的理论问题，也为改革的下一步发展指明了方向。有的学者认为大会的另一个意义在于发展方向背后的整风问题，逐渐增长的腐败和党内自信的下降等现象需要中共重新确立意识形态的统一性，以确保在新的改革事业中能够更好地发挥领导作用。“文化大革命”后，有大量党员进入党的各级序列，他们不熟悉党的传统运转方式。同样，也有大量的“受害者”需要被安置。因此，大会提出的整风和党内团结的问题十分重要，在某种程度上决定了改革开放事业和中国特色社会主义事业的成败。[⑤]

此外，有的国外学者认为大会的重要性还反映在中央政治局的结构性变化，趋向于权力分散和建构社会主义民主；新的政策纲领，总体而言是要建

---

① Stuart R. Schram.（1984）. “Economics in Command？” Ideology and Policy since the Third Plenum，1978—84. The China Quarterly，（99），pp. 417—461.

② ［美］理查德 · 伊文思著:《邓小平传》，田山译，上海人民出版社 1996 年版，第 276—277 页。

③ ［日］天儿慧:《邓小平的发展战略》，韩凤琴摘译，《国外中共党史研究动态》1991 年第 2 期。

④ ［英］迈克尔 · 雅胡达著:《国务活动家邓小平》，李向前译，《国外中共党史中国革命史研究译文》1994 年第 1 期。

⑤ Harmala Kaur Gupta.（1984）. The Twelfth Congress and Rectification of the Party，China Report，20（4），pp.31—37.

构新的经济结构，追求快速的经济增长，将分配和再分配议题置于第二位，变更意识形态以适应经济发展；中共十二大很好地协调了新老干部和中央领导机构之间的关系等几个方面[①]。也有学者关注所谓"非毛化"问题，比如费正清在《伟大的中国革命（1800—1985）》中，认为大会吸收知识分子和有专长的技术人员入党，是一种典型的反毛泽东传统的做法[②]。有学者认为大会政治报告更多的是对党的自我批评，而不是把全部责任推到毛泽东的身上，同时在经济社会发展战略方面采取了一系列与毛泽东时代不同的新举措，并且把毛泽东时代忽视的对人民生活水平的关注提高到前所未有的高度[③]。

（七）其他相关研究

40多年来，关于党的十二大的研究还在其他一些方面取得一定成果。比如党的十二大与其他会议的比较研究。有学者对党的十二大与党的八大两次会议的异同进行具体分析，认为两次会议在思想路线、政治路线和组织路线上具有一致性，但是在对什么是社会主义、怎样建设社会主义等一系列重大问题存在差异[④]。比如关于党的领导人对党的十二大的贡献研究。有学者对邓小平与党的十二大重要理论和战略决策形成的关系加以阐述[⑤]，有学者梳理了胡耀邦与党的十二大机构设置及人事变动的一些情况[⑥]。再比如，把党的十二大纳入新时期历次党代会进行整体性研究，聚焦党的建设、政治体制改革、文化建设、外交战略和马克思主义中国化等问题，考察理

---

① Lowell Dittmer.（1984）. The 12th Congress of the Communist Party of China，The China Quarterly，1983（93）.

② ［美］费正清：《伟大的中国革命（1800—1985）》，刘尊棋译，国际文化出版公司1989年版，第325页。

③ Tan Chung.（1983）. Post-Mao China's New Path：A Study of Hu Yao bang's Twelfth Party Congress Report，China Report，19（2），pp.7—17.

④ 单劲松：《中共八大与十二大比较研究》，《中共中央文献研究室个人课题成果集2015年》（下），中央文献出版社2016年版。

⑤ 姜淑萍：《邓小平与十二大重大理论和决策形成研究》，《中国共产党90年研究文集》（中），中央文献出版社2011年版。

⑥ 史义军：《胡耀邦与十二大机构设置及人事变动内情》，《江淮文史》2015年第1期。

论和政策在历次党代会上的变化和承续①。

三、深化党的十二大研究

40多年来，学界关于党的十二大的研究已经取得了较多成果，为深化研究奠定了较为扎实的基础。但也应该看到，党的十二大的研究进展和其影响力相比、和其在改革开放史上的地位相比，还有很大提升空间。

（一）高度重视包括党的十二大在内的党代会研究

近年来，中共党代会研究逐渐受到学界关注，党代会研究也成为中共党史、党的建设等学科相对集中的研究领域，出版了数量可观的一批高质量学术成果。但纵览这些研究成果不难发现，它们的分布并不均衡。革命和建设时期的党代会，特别是围绕中共一大、七大和八大等，学界积累了不少成熟的研究成果。相较而言，改革开放以后的党代会研究就显得比较单薄，出版的著作以宣传阐释居多，学理性分析和探讨的较少，存在理论先行、范式单一的研究倾向，有的成果也没有遵循历史研究的基本原则，未能揭示历史复杂的因果关系和内在本质。就党的十二大研究而言，学理性论文较少，学术性专著缺乏。因此党代会研究，还需要进行严格意义上的历史研究、政治研究等。

之所以研究呈现这一状况，与当代人治当代史的局限有关。当代人治当代史优势非常明显，具有鲜活的"现场感"，但缺憾也很显著，即沉淀不够、客观性难以保证。尤其涉及带有争议性问题时，有的还与时下有千丝万缕的联系，更为真正的学术研究埋下了重重障碍。中共十二大作为改革开放后召开的第一次党代会，承担着总结新时期初的经验教训，统一全党思想的重要任务。这就让研究者难免遇到旧的未除、新的未建的新旧过

---

① 张传能：《关于新时期历次党代会报告整体研究的述评》，《大连干部学刊》2009年第6期；周冬梅、冯夏根：《改革开放以来历次党代会报告研究综述》，《中共云南省委党校学报》2018年第6期；丁一凡：《新时期中国共产党历次全国代表大会与马克思主义中国化研究综述》，《福建党史月刊》2013年第16期。

渡，陷于难以拿捏、左右为难的尴尬境地。

历史从不是一帆风顺的线性发展。新事物在发展中常遭遇曲折，甚至出现局部的、暂时的倒退现象，而研究者的职责在于秉承客观公正的态度，对历史的不同面向作合理评价，揭示历史的曲折性、复杂性甚至偶然性，以总结历史的发展规律、警惕历史的错误教训。因此，深化党代会研究需要多些勇气、担当，敬畏研究的神圣。就党的十二大研究而言，厘清相关争议，明晰决策过程，知晓论从何来，有助于呈现改革开放初中共所面临的复杂情势、理论诉求和实践呼唤，加深我们对当时出台的一些改革举措的认识。通过深化研究还可以帮助我们理解中共对改革和现代化建设的思路并非早有清晰的施工图，而是在摸着石头过河中走一步是一步。

（二）把党的十二大置身于党情国情世情变化的大背景下研究

从已有成果看，相当多的研究者把党的十二大研究局限于大会筹备和召开的狭小范围，以致研究空间逼仄，成果呈现同质化，也使党的十二大与其前后的历史场景断了联系，缺乏历史过程的连贯性和关联性，难以透视大会背后的历史逻辑和实践走向。

具体而言，尽管有学者从 1978 年以来拨乱反正和改革开放的宏观历史背景出发，梳理了党的十二大前各条战线所取得的巨大变化和成就，但并没有对会议前的具体历史背景进行深度分析。比如，经济学界在计划与市场的关系问题上存在争议，哲学界在有关社会主义的基本特征以及发展阶段、生产目的等问题上也有不少异议。当时，中共面对理论界的这些分歧是如何应对与调适的，这些讨论对大会究竟带来了哪些影响，诸如此类的问题，已经出版的研究成果对此论述不够深入，因而在对党的十二大各项举措进行具体分析时，难以呈现其背后强烈的现实关照和复杂的共识形成过程。

因此，我们深化党代会研究就必须和党代会召开前后的党内变化、国情实际和世界环境结合起来。党的十二大召开前，中国共产党召开了十一届六中全会，通过了第二个历史决议，对毛泽东、毛泽东思想都给予了客观评价，实现了指导思想上的拨乱反正，也总结了党的十一届三中全会以来取得的新鲜经验，对改革开放的认识趋于更加统一。同时，平反冤假错案、调整社会关系都取得了显著进步，党的人事和机构调整也顺利进行。国际上，苏联对华态度也在逐步走向缓和，中美关系保持良好沟通，党中央也得出了可以有较长时期和平发展的判断。这都为党的十二大的召开提供了良好的外部环境。不深入分析这些因素，就很难深刻认知党的十二大的理论和实践突破。只有全面辩证分析全会召开时的立体化环境因素，才有助于我们理解多年前召开的会议为何作出那样的重大安排。

历史事件就像是一片片树叶，通过树枝一样的历史逻辑和线索接连在一起，共同构成了历史这棵参天大树。如果只把视线停驻于一个个具体的历史事件，而看不到背后树枝的交织盘错，就很容易一叶障目。因此，将党的十二大放到更为开阔的历史情境中，用大历史观、大时代观关注不同历史事件之间的复杂互动，考察各种思想观念和政策举措在大会前后的变化，对于深化该问题的研究具有举足轻重的意义。

（三）充分发掘和利用一手史料

史料是史学研究的基础。历史学从某种意义上看就是一门史料学。历史研究品质与史料运用往往密切相关。已有党的十二大研究成果，史料多来自《邓小平文选》《三中全会以来重要文献选编》《十二大以来重要文献选编》《中国共产党第十二次全国代表大会文件汇编》等基础性文献汇编，史料的来源和形式相对单一，而且多为结果性文件，缺少反映重大决策过程的一手资料。目前不少研究成果是大量引用《中国共产党的七十年》等二手资料。有的研究者对于史料的可信度、准确性以及时效性等问题，也没有进行认真考证。对于党的十二大的一些重要问题，特别是邓小平所致开幕词和大会政治报告的起草，一些关键的过程性史料仍未公布。邓小平对开幕词的起草提出过哪些建议？“建设有中国特色的社会主义”是如何成为开幕词主题的？政治报告的起草过程中是否有不同意见？如果有，它们是如何调适和最终敲定的？这些问题仍有待相关史料的公布。

弥补上述遗憾、深化党代会研究，还是要靠史料的搜集与发掘。史料的开放度依然是一个制约党史研究者的现实问题。研究者要想在短时期内寻求突破，就必须着力从浩繁的出版物中搜罗蛛丝马迹。公开出版的领导人年谱、文集、传记和报刊上公开发表的社论、论文，对于党的十二大研究的史料意义自不待言。但更应引起研究者注意的是，进入新时期，中共引入决策咨询机制，使得决策透明度明显增加，留下了一批如《理论动态》《未定稿》《经济研究参考资料》《调查与研究》等内部刊印的参考资料，涉及国内外的调查报告、重大理论问题的讨论以及重要会议的记录等，为党的十二大的背景研究提供了丰富的原始材料。而且，一些相关亲历者的私人性史料也具有很高的史料价值，他们的日记、工作笔记和回忆录等往往可以提供鲜为人知的历史细节，特别是对当年参会代表的口述史访谈，还能展现他人所不具备的历史现场感。此外，还可以加强地方性史料的搜集与利用，如一些地方宣传部门编制的党的十二大学习材料，以及县市区档案馆中能够反映相关政策的执行情况的档案，对于我们了解党的十二大精神和政策在基层的执行与实施过程，以及政策在下行过程中的央地互动关系等，都有重要的参考价值。相比于高层文献的稀缺，这些材料和档案数量众多，而且更容易获得，学者们在这方面仍然大有可为。

（四）研究求深求实避免平面化

党代会研究虽然具有较强的政治性，但也是学术研究对象，研究者应尽量避免平面化阐释，力求更加深入、细致地考证探究，以传世之心求传世之作。近些年来，学界从不同角度和方面展开党的十二大的研究，但是研究深度仍待加强。比如，人物研究比较单一，主要集中于邓小平个人的思想和决策研究，对陈云、胡耀邦等时任中央政治局常委以及其他对会议产生重要影响的历史人物（如胡乔木、邓力群等）关注较少。缺乏比较思考和研究，对于党的十二大与其他党代会的异同问题，目前学界仅就党章问题进行了探讨，对会议的代表选举、机构设置和会议形式等构成要素，以及在此基础上产生的会议氛围、外观和影响，这些方面的比较研究仍是空白。对会议缺憾的分析较少，这并不是否认党代会的功绩，而是从历史发展的眼光审视过去，为了更好地开拓未来。

党代会研究，不仅是党史国史研究的重要领域，也是党史国史研究新的生长点。研究者应当抓住契机，加强史料搜集与整理，不断开阔研究视野，更新研究理论与方法，推出更加客观公正、科学研究的精品佳作，将包括党的十二大研究在内的党代会研究推动走向新的水平。

后 记

对于中国共产党而言，全国党的代表大会是诸多会议中最为重要的会议。为迎接党的二十大，中共党史出版社的领导和编辑来电，问能否承担"中国共产党历次代表大会史丛书（第一辑）"中《中共十二大史》的撰写工作，我欣然应允。这主要是考虑到，首先，笔者主要研究当代中国改革开放史，对改革开放新时期的党代会、三中全会的研究有所积累。其次，党的十二大作为进入改革开放新时期的第一次党代会，有很多突破性的思想和举措，具有开拓性、示范性，确实值得再梳理、再研究，发掘其历史价值和现实意义。再者，过去有若干党代会系列图书的出版，也涉及党的十二大，但总体上叙述多、研究少，留下了巨大书写空间。

这次写作，我们注意分析党的十二大召开前的国际国内形势和党的建设情况，并以此为基础再叙述党的十二大，重点对开幕词和大会报告进行分析，重点对新党章进行介绍，然后对党的十二大产生的国内外影响作了进一步探讨，最后对过去 40 多年来党的十二大研究进展进行了梳理。这样就更有助于读者了解党的十二大的全貌，了解其历史地位和重要意义。

尽管我们作出了较大努力，但由于不是亲历者，只能借助当时的报刊、亲历者的回忆、领导人的年谱以及研究者的文章作为研究基础，肯定还有写的不到位、不尽准确之处。我们对运用的文献资料、引用的观点等逐一标明了注释。也对研究者的研究成果表示敬意，没有他们的研究成果，也就没有进一步深入研究的基础。

在写作过程中，浙江工商大学马克思主义学院武圣强博士、中国人民大学马克思主义学院博士生李永康，在我的指导下分别撰写了第四章和

第六章，感谢他们的认真参与和辛苦付出。感谢中共党史出版社的高度信任，没有他们的信赖和督促，本书也不可能顺利出版。

中国共产党历经磨难，始终保持昂扬向上的饱满状态，靠着坚守初心使命，从嘉兴南湖之滨走到北京天安门，从秘密举行党的一大到公开召开党的二十大，弹指一挥间，已过百余年。大党百年确实值得研究。尤其是在党的领导下，中国迅速崛起，亿万人民安居乐业，国际地位显著提升，民族复兴展现出光明前景。作为党史研究者，笔者既感到兴奋更感到压力。写作此书，略尽绵薄之力，实乃义不容辞。

沈传亮

2024 年 1 月 10 日